suhrkamp taschenbuch
wissenschaft 928

W0051668

Dieses Buch ist zugleich anspruchsvoll und zurückhaltend. Zurückhaltend ist es im Stil und in seiner Art der Darstellung, die es auch dem Anfänger oder Nichtexperten gestatten, der Argumentation zu folgen und so gleichsam indirekt in die Grundprobleme der Sozialphilosophie eingeführt zu werden. Anspruchsvoll ist das Buch insofern, als es diese Probleme ganz eigenständig behandelt und vor allem den Blick in empirisch orientierte Nachbardisziplinen wie Ökonomie und Soziologie nicht scheut. So sucht der Autor, von einem deutlich empirisch geprägten philosophischen Ansatz ausgehend und diesen ständig auf die Sozialwissenschaften beziehend, seinen eigenen Weg zwischen Hume, Kant und Rousseau, zwischen Wittgenstein und der Spieltheorie, zwischen Max Weber und John Rawls. Die Themen sind klassisch – Erklären und Verstehen, Zweck und Mittel, Normen und gesellschaftlicher Kontext, Handeln und Gemeinschaft –, doch durch die eigenständige Sicht und Kompetenz des Autors wird ihnen mancher neue Aspekt abgewonnen.

Martin Hollis, (geb. 1938), studierte Philosophie, Politik und Ökonomie in Oxford, war Stipendiat an den Universitäten Berkeley und Harvard und nach seinem Studium einige Jahre im auswärtigen Dienst, bevor er 1964 als Dozent für Philosophie nach Oxford zurückkehrte. Seit 1967 lehrt er das Fach an der University of East Anglia in Norwich, seit 1981 als Professor. Zeitschriftenartikel zur Philosophie der Sozialwissenschaften und zur Philosophie der Ökonomie, insbesondere zu Theorien der Rationalität, zu Problemen der Spieltheorie und Sozialwahltheorie, zu Fragen der Ethik und der Wahl öffentlicher Güter (Public Choice). Bücher: *Rational Economic Man: A Philosophical Critique of Neo-Classical Economics* (gem. mit E. J. Nell) Cambridge 1975 (Portugiesisch 1977 u. Japanisch 1982); *Models of Man: Philosophical Thoughts on Social Action*, Cambridge 1977; *Invitation to Philosophy*, Oxford 1985 (Spanisch 1986); *The Cunning of Reason*, Cambridge 1988; *Explaining and Understanding International Relations* (gem. mit S. Smith), Oxford 1990; Mitherausgeber von: *Philosophy and Economic Theory* (gem. mit F. Hahn), Oxford 1979 (Spanisch 1988); *Rationality and Relativism* (gem. mit S. Lukes), Oxford 1982; *Moralische Entscheidung und rationale Wahl* (gem. mit W. Vossenkuhl), München 1991.

Martin Hollis
Rationalität
und soziales Verstehen

Übersetzt von
Joachim Schulte

Wittgenstein-Vorlesungen
der Universität Bayreuth

Herausgegeben von
Wilhelm Vossenkuhl

Suhrkamp

CIP-Titelaufnahme der Deutschen Bibliothek
Hollis, Martin:
Rationalität und soziales Verstehen / Martin Hollis.
Übers. von Joachim Schulte. –
1. Aufl. – Frankfurt am Main :
Suhrkamp, 1991
(Suhrkamp-Taschenbuch Wissenschaft ; 928)
ISBN 3-518-28528-9
NE: GT

suhrkamp taschenbuch wissenschaft 928
Erste Auflage 1991
© dieser Ausgabe Suhrkamp Verlag Frankfurt am Main
Suhrkamp Taschenbuch Verlag
Alle Rechte vorbehalten, insbesondere das
des öffentlichen Vortrags, der Übertragung
durch Rundfunk und Fernsehen
sowie der Übersetzung, auch einzelner Teile.
Satz und Druck: Wagner GmbH, Nördlingen
Printed in Germany
Umschlag nach Entwürfen von
Willy Fleckhaus und Rolf Staudt

1 2 3 4 5 6 – 95 94 93 92 91 90

Inhalt

Vorwort

»In der Philosophie werden nicht Schlüsse gezogen«, schreibt Wittgenstein in den *Philosophischen Untersuchungen*. »Sie stellt nur fest, was Jeder ihr zugibt.« Sollte diese Bemerkung das Bild einmütig nickender Kahlköpfe heraufbeschwören, bitte ich um ein wenig Geduld. Doch zunächst möchte ich feststellen, was jeder mir zugeben wird: Durch die Einrichtung der Wittgenstein-Vorlesungen hat die Universität Bayreuth Weitblick bewiesen. Sie hat der alten Weisheitslehre in einer neuen Universität einen Ehrenplatz zugewiesen und zugleich ihre Zuversicht erkennen lassen, daß die Philosophie etwas Entscheidendes beizutragen hat zur Begegnung von Natur- und Geisteswissenschaften. Durch die Ernennung Wittgensteins zum Namenspatron hat sie den Anstoß dazu gegeben, den deutschen Respekt vor der Macht des Denkens mit dem englischen Vergnügen am subversiven Gebrauch dieser Macht zusammenzubringen. Diese noble und anregende Auffassung ehrt die Universität selbst ebenso wie Klaus Wolff, ihren verdienstvollen Präsidenten, und Wilhelm Vossenkuhl, der dort trefflich die Stellung der Philosophie behauptet. Ich möchte hier die Gelegenheit nutzen, meinen Beifall zu äußern und meine Dankbarkeit zu bezeigen für die Ehre, die mir durch die Einladung zuteil geworden ist, die hier wiedergegebenen Vorlesungen zu halten.

Das Thema meiner Überlegungen ist die Rationalität als Schlüsselbegriff zum Verständnis des sozialen Handelns. Die erste Vorlesung bietet einen Rahmen zur Beurteilung der Frage, ob die Analyse »von oben nach unten« – also von der kollektiven Handlungsorganisation zu den Entscheidungen des einzelnen – oder besser »von unten nach oben« – also vom einzelnen zum Kollektiv – voranschreiten sollte und ob es uns, um mit Max Weber zu reden, um

Erklären oder Verstehen gehen sollte. Ausgehend vom Teufelspakt Fausts bestreitet die zweite Vorlesung den Anspruch der Zweckrationalität auf die Vorrangstellung beim rationalen Verstehen des sozialen Handelns und zeigt, daß es im Hinblick auf die Probleme der Philosophie der Psychologie möglich ist, Kant und Wittgenstein gegen Hume auszuspielen. In der dritten Vorlesung wird der spieltheoretische Spielbegriff dem entsprechenden Begriff Wittgensteins gegenübergestellt und es werden philosophische Fragen erörtert, die die Beziehung zwischen Ich und sozialer Rolle betreffen. In der vierten Vorlesung geht es um Gründe, Motive und normative Erwartungen. Das »Problem der schmutzigen Hände« wird an der Schnittstelle zwischen Sozialwissenschaft, Ethik und Politik ausgemacht, und abschließend wird die These aufgestellt, daß unser Handeln um so besser sein wird, je besser wir das soziale Handeln verstehen.

Die Art, in der ich diese Thematik behandle und philosophisch artikuliere, geht in mancher Hinsicht auf Gespräche zurück, die ich in den letzten Jahren mit Wilhelm Vossenkuhl geführt habe. Vieles verdanke ich seiner Kenntnis der deutschen und der englischen Philosophie, die in der einen wie in der anderen Sprache auch in seinen Schriften zum Ausdruck kommt. Für die deutsche Formulierung meiner Überlegungen danke ich Joachim Schulte. Dem Bayreuther Universitätsverein danke ich dafür, daß er die Übersetzung ermöglichte.

1 Erklären und Verstehen

Monsieur Rouget ist Franzose. Er ist vierundzwanzig Jahre alt, er hat blonde Haare und er arbeitet in einer großen Fabrik. Seine Stimme gibt er der Kommunistischen Partei. Warum hat er diese politische Tendenz? Diese Frage wird in einem 1970 erschienenen Lehrbuch zum Thema Erklärung in den Sozialwissenschaften aufgeworfen, um das richtige wissenschaftliche Verfahren zu veranschaulichen.[1] Die Autoren selbst geben folgende Antwort:

1. Monsieur Rouget ist ein junger Mann, der als Arbeiter in einer großen Fabrik beschäftigt ist und in einem Gesellschaftssystem lebt, in dem die Kirche eine erhebliche Rolle spielt, und
2. Die Wahrscheinlichkeit, daß junge Arbeiter, die in einer großen Fabrik beschäftigt sind, für eine linke Partei stimmen, liegt zwischen 0,60 und 0,70, und in den Systemen, in denen die Kirche eine gewisse Macht hat, stimmen mehr Männer als Frauen für die Linke; deshalb ist es *hoch wahrscheinlich* (Wahrscheinlichkeitswert um 0,80), daß
3. Monsieur Rouget für eine Partei der Linken stimmt.

Indem die Autoren ein derart vereinfachtes Beispiel anführen, wollen sie zwar keineswegs den Gedanken nahelegen, die soziale Welt sei ein unkomplizierter Ort, für den schlichte Erklärungen gerade das Rechte seien, doch sie meinen tatsächlich, die Logik der Erklärung sei unkompliziert, und daher bedienen sie sich des Beispiels mit Monsieur Rouget, um zu zeigen, was es damit auf sich hat. Entnommen ist diese Logik Carl Hempels Arbeit *Aspekte wissenschaftlicher Erklärung*[2], und obwohl sich Przeworski und Teune anschließend in vertrackte Einzelheiten der technischen Anwendung statistischer Methoden stür-

1 A. Przeworski u. H. Teune, *The Logic of Comparative Social Inquiry*, John Wiley & Sons, 1970, S. 18-20 u. 74-76.
2 Carl G. Hempel, *Aspects of Scientific Explanation*, New York: The Free Press, 1965; dt. Teilübersetzung von W. Lenzen: *Aspekte wissenschaftlicher Erklärung*, Berlin/New York: de Gruyter, 1977.

zen und dort nach eigenem Eingeständnis auf Schwierigkeiten stoßen, lassen sie nicht den mindesten Zweifel daran aufkommen, daß das Wesen der Erklärung durch einen entschiedenen Positivismus richtig wiedergegeben wird. Um 1970 hatten die Philosophen im englischen Sprachbereich zwar die Begeisterung für den Logischen Positivismus verloren, aber bis zu den Sozialwissenschaften hatte sich das noch nicht herumgesprochen. Ja wenn man sieht, wie beliebt die sogenannte Positive Ökonomie heute ist, erhält man den Eindruck, daß es sich überhaupt noch nicht sonderlich weit herumgesprochen hat. Die Vertreter der Positiven Ökonomie reagieren wie der amerikanische Schriftsteller Mark Twain, der eines Morgens in der Zeitung einen Nachruf auf sich selbst entdeckte und sich beschwerte: »Die Meldung über meinen Tod war stark übertrieben.«

Aber um das Thema Positivismus geht es mir hier nicht. Hempels Logik der Erklärung erwähne ich hier nur als Ausgangspunkt für meine in den folgenden vier Kapiteln dargelegten Ausführungen über Erklären und Verstehen in den Sozialwissenschaften. Läßt man die These gelten, daß der Positivismus weder das Erklären noch das Verstehen hinreichend analysiert, kann man auf zwei verschiedenen Wegen weitergehen: Auf dem einen entwickelt man eine überzeugendere Philosophie der Naturwissenschaften, die dann auch auf die Sozialwissenschaften übertragen werden kann. Auf dem anderen Weg setzt man sich unmittelbar mit dem auseinander, was das Besondere der Sozialwissenschaften zu sein scheint, nämlich daß sie das soziale Handeln untersuchen und daher einen Begriff des *Verstehens* erforderlich machen, der zu guter Letzt mit einem umfassenderen Erklärungskonzept verschmelzen kann, aber nicht verschmelzen muß. Ich habe vor, diesen zweiten Kurs einzuschlagen, doch es wird als Hintergrund vielleicht ganz nützlich sein, wenn ich zunächst ein paar knappe Worte über das andere Verfahren sage.

Warum stimmt Monsieur Rouget für die Kommunistische Partei? Die von Przeworski und Teune skizzierte Antwort auf diese Frage besagt, es liege daran, daß 80% der jungen Männer, die in Frankreich als Arbeiter beschäftigt sind, für eine Partei der Linken stimmen; Monsieur Rouget stimme für die Kommunistische Partei, weil er einer Gruppe von Personen seinesgleichen angehört. Sobald dieses bloße Gerippe einer Antwort – ohne das Fleisch komplexer Korrelationen und ohne den Panzer mathematischer Statistik – vorgelegt wird, ist ohne weiteres zu erkennen, daß es gar keine Antwort ist. Im Grunde, so heißt es, stimme Monsieur Rouget für die Kommunistische Partei, weil er wahrscheinlich so stimmt. Frage: Wieso ist das wahrscheinlich? Antwort: Weil dieses Verhalten in der Gruppe, der er angehört, sehr häufig vorkommt. Frage: Warum kommt es so häufig vor? Antwort: So ist es nun mal.

Freilich, diese Art zu argumentieren ist nicht fair. Der Logische Positivismus ist eigentlich nie eine törichte Spielart des Empirismus gewesen, und es ließe sich eine ganze Menge sagen zugunsten der Auffassung, daß Erklärungen letzten Endes statistischer Art sind und ausschließlich mit dem Erfolg ihrer Prognosen stehen oder fallen. Fair ist jedoch meine Zusammenfassung jenes Standardeinwands, der von Kritikern vieler Richtungen erhoben wird, die sich einig sind in der These, daß der Grund, *weshalb* Monsieur Rouget für die Kommunistische Partei stimmt, nicht auf weitere statistische Angaben, aus denen sich seine Wahlentscheidung hätte vorhersagen lassen, reduziert werden kann. Dies ist mein Ausgangspunkt, und an ihm gabelt sich der Weg. In der einen Richtung geht es sozusagen nach draußen und hin zu einer Analyse der Kausalgesetze, der Kräfte und der Mechanismen, die erklären, wie das Verhalten von Monsieur Rouget hervorgebracht wird. Der andere Weg führt sozusagen nach drinnen und hin zu einer Analyse von Monsieur Rougets Welt, die sich in ihrer Begrifflichkeit auf das bezieht, was sein Handeln für ihn selbst und für andere bedeutet. Der eine Weg führt zur Erklärung, der andere zum Verstehen.

Will man dem Wegweiser »Erklärung« folgen, muß man David Humes Analyse der Kausalität ablehnen, und die realistische Wissenschaftsphilosophie ist da nicht zimperlich: Werden Begriffe wie »Kraft« oder »Struktur« durch Humes skeptische Einstellung zu jeder Behauptung, daß Wirkungen durch ihre Ursachen *hervorgebracht* werden, ausgeschlossen, dann sei das Humes Pech. Sind dies Begriffe, deren Anwendung durch die Erfahrung nicht verifiziert (oder nicht einmal falsifiziert) werden kann, dann sei das Pech für die Erfahrung. Diese Antworten klingen alle sehr markig, vor allem, wenn sie von Marxisten stammen, deren Realismus mit inhaltlichen Überzeugungen hinsichtlich der wirklichen Funktionsweise des historischen Prozesses verknüpft ist. Doch ein großer Teil der neueren Wissenschaftsphilosophie in englischer Sprache setzt sich weit behutsamer und diffiziler mit Hume und den Tugenden des Empirismus auseinander. Dabei folgt man dem Grundgedanken, der Hauptfehler des Empirismus liege in der Annahme, das erkennende Bewußtsein könne sich passiv verhalten, wenn es sich zu eigen macht, was die Erfahrung lehrt. Nicht nur im Hinblick auf das Entdecken und Festhalten der von der Natur jeweils zugänglich gemachten Fakten ist das Bewußtsein keine Tabula rasa, sondern auch im Hinblick auf den Vorgang der Bestätigung durch Belege verhält sich das Bewußtsein aktiv. Wir können gar nicht umhin, Begriffe anzuwenden, die mehr leisten, als durch die Erfahrung bestimmt wird. Stets steckt ein Element von Vermutung und Konstruktion in dem, was wir für Erkenntnis erachten; diese geht daher stets mehr theoretische Bindungen ein, als durch Überprüfung gerechtfertigt werden kann.

Bis hierhin geht die Einigkeit unter den ansonsten überaus verschieden gesinnten Kritikern des Empirismus, wie er sich in der Positiven Wissenschaft widerspiegelt. Dieses

Element steckt z. B. auch in Poppers Behauptung, die Beobachtung könne nicht in theoretischer Unschuld verharren, sowie in seinen Angriffen auf den Wahrscheinlichkeitsbegriff und auf die Induktion (wobei er sich allerdings lange den positivistischen Glauben an die Reinheit der Widerlegung bewahrt hat). Ebenfalls vorhanden ist dieses Element in Quines eleganter These, daß wir uns – da es so etwas wie »ungeschönte Informationen« nicht gibt – stets frei entscheiden können, wie wir die Urteile, die das Gericht der Erfahrung über unsere Theorien fällt, interpretieren wollen. Enthalten ist dieses Element auch in Kuhns These, die normale Wissenschaft beruhe immer auf einem »Paradigma« – also auf einer Reihe von intellektuellen Voraussetzungen und institutionellen Praktiken –, die keineswegs die Knechte der Vernunft sind, sondern ihre Herren. Präsent ist es auch in dem von Lakatos eingeleiteten Rettungsunternehmen für Popper, das sich auf die Idee der »Forschungsprogramme« stützt, die sich zwar nicht danach unterscheiden lassen, ob sie die Realität in den Griff bekommen oder nicht, aber doch immerhin danach, ob sie »progressiv« sind oder »degenerierend«. Und natürlich ist es auch in den anarchistischen Angriffen auf die Vernunft enthalten, die insbesondere von Feyerabend ganz offen geführt werden, aber auch von Autoren wie Rorty, deren Absichten dahin gehen, daß sich die Dinge zum Schluß in Wissens- oder Kultursoziologie auflösen.

Während »postmoderne« Ansichten auch auf die Philosophie übergreifen und die philosophische Skepsis bezüglich der Vernunft immer weiter zunimmt, wird der zeitgenössische Schauplatz immer schwerer zu überblicken. Ich werde nicht versuchen, die Linien weiter nachzuzeichnen, doch es lohnt sich vielleicht, darauf hinzuweisen, daß der Ursprung der Schwierigkeiten von Anfang an vorhanden war. Er ist sogar schon bei Hume selbst nachweisbar. In der Einleitung des *Traktats über die menschliche Natur* wird eine Wissenschaft vom Menschen angekündigt, die als

Grundlage dienen soll für »ein vollständiges System der Wissenschaften«, und es wird ein frappierender Grund genannt für die Annahme, man solle in der folgenden verblüffenden Reihenfolge vorgehen: »Selbst Mathematik, Naturwissenschaft und natürliche Religion beruhen in gewissem Maße auf der Wissenschaft vom *Menschen*, denn sie fallen unter die Gerichtsbarkeit des Menschen und werden je nach ihren Kräften und Leistungen beurteilt.« In diesem Fall kann die Vernunft jedoch keine äußere Richtschnur für die Wissenschaft vom Menschen liefern, und ebendies ist in der Tat die These, auf die Hume hinauswill. Sobald er zu seiner berühmten Analyse der Kausalität gelangt, beseitigt er also durchaus nicht alle Elemente des Begriffs der Kausalbeziehung, außer (in erster Linie) der Vorstellung der ständigen Verknüpfung. Beibehalten (oder vielleicht von Hume hinzugefügt) wird auch die *Erwartung* des Bewußtseins, bei jeder neuen Gelegenheit werde die gleiche Wirkung auf die gleiche Ursache folgen, und diese Erwartung wird dann auf Gewohnheit und Phantasie zurückgeführt. Hier liegt die Saat unserer heutigen Verwirrung.

Die Moral der Geschichte, auf die ich nun hinweisen möchte, lautet: Die Philosophie der Sozialwissenschaften soll sich nicht einschüchtern lassen durch die Philosophie der Naturwissenschaften. Es gibt einfach keine einhellig akzeptierte Analyse der Kausalerklärung, der jede Erklärung, weshalb Monsieur Rouget für die Kommunistische Partei stimmt, entsprechen müßte. Es gibt zwar realistische Analysen, die sich auf kausale Mechanismen berufen, doch soweit ich weiß, hat keine der angebotenen Erkenntnistheorien Zugang zur Erkenntnis einer derart verborgenen Realität. Ferner gibt es idealistische Geschichten über Begriffsnetze, die Ordnung bringen in das Gespräch der Menschheit und folglich auch eine innere Ordnung in unsere gemeinsame Welt. Doch sofern es sich dabei nicht um eine transzendentale Ordnung handelt, ist kaum einzusehen, weshalb die theoretischen Sozialwissenschaftler nicht ihr eigenes Gespräch führen sollten. Mit diesem erfreulichen Gedanken wollen wir uns nun dem anderen Weg zuwenden und Monsieur Rouget von innen her betrachten. Nun könnten wir uns zwar unverzüglich in das Dickicht der Hermeneutik stürzen, doch meine Ausführungen werden gewiß sinnvoller ausfallen, wenn der erste Schritt nicht weiter führt als bis zu Max Weber. Dies ist ein deutscher Denker, der der britischen Vorliebe für Kompromisse entgegenkommt. Weber hat bekanntlich erklärt, die Ergebnisse der Sozialwissenschaft müßten sowohl auf der Ebene des Sinns als auch auf der Ebene der Kausalität adäquat sein. Seine Lesart der Kausalebene ist entschieden positivistisch geprägt, denn sie ist im Hinblick auf Wahrscheinlichkeiten und Statistik formuliert. Demnach gilt: Wenn Monsieur Rouget tatsächlich einer großen Gruppe von Industriearbeitern angehört, deren Mitglieder zu 80% für eine Partei der Linken stimmen, so wäre dies nach Webers Auffassung ein recht beruhigendes Anzeichen dafür, daß wir sein politisches Wahlverhalten richtig begriffen haben. Ebenso gilt jedoch: Insofern dies die Bedingungen der Adäquatheit auf der Kausalebene sind, ist ohne weiteres zu erkennen, warum wir außerdem eine Ebene des Sinns benötigen. Was ist z. B. aus Monsieur Rougets blonden Haaren geworden und was aus seinen blauen Augen? Statistische Häufigkeiten bezüglich der Stimmgewohnheiten im Verhältnis zur Farbe der Haare oder der Augen gibt es ebenso wie im Verhältnis zum Alter und zur beruflichen Lage. Weshalb sind sie im Hinblick auf eine Erklärung uninteressant?

Auf der Hand liegt die Antwort, daß sie nichts bedeuten, was für Monsieur Rouget von politischem Interesse wäre. Freilich, unmöglich wäre es nicht: Im Dritten Reich etwa standen blonde Haare und blaue Augen gewiß auf der politischen Tagesordnung, und es ist vermutlich nicht auszuschließen, daß sie auch andernorts unbewußt von Bedeutung sind. Wenn ja, so wäre ihre Rolle allerdings nicht die von Zeichen, sondern die von Symbolen. Trifft man diese Unterscheidung, so zieht man eine Grenzlinie zwischen der natürlichen Welt und der sozialen Welt. Unklar ist noch, ob diese Linie zum Schluß verschwindet, wenn wir die Frage stellen, in welcher Beziehung die Ebene des Sinns zur Ebene der Kausalität steht. In diesem Stadium stellen wir womöglich fest, daß es eine naturalistische Erklärung des Sinns gibt bzw. eine hermeneutische Analyse der Kausalität. Solange es noch nicht soweit ist, sind wir offenbar aufgefordert, die Eigentümlichkeiten des sozialen Handelns zu erkunden.

Auf den ersten Seiten von *Wirtschaft und Gesellschaft* gibt uns Weber einige Werkzeuge an die Hand. Die Soziologie, schreibt er, sei »eine Wissenschaft, welche soziales Handeln deutend verstehen« will. Das Wort »Handeln« soll dabei alles menschliche Verhalten umfassen, »wenn und insofern als der oder die Handelnden mit ihm einen subjektiven Sinn verbinden«. Unter »sozialem« Handeln ist ein Handeln zu verstehen, »welches auf das Verhalten *anderer* bezogen wird und daran in seinem Ablauf orientiert ist«. Sogleich stellen sich neue Fragen über Monsieur Rouget: Welchen subjektiven Sinn mißt er seiner Stimmabgabe bei? Inwieweit hat er das Verhalten anderer Wähler in Betracht gezogen? Auch im Hinblick auf diese Probleme lassen sich weitere Fragen stellen: In welcher Beziehung stehen Monsieur Rougets subjektive Sinnzuschreibungen zum politischen und sozialen Kontext der gemeinschaftlichen Sinnzuschreibungen und zu ideologischen Auseinandersetzungen? Was ergibt sich, wenn er sein Handeln nach dem Verhalten anderer orientiert, daraus für die Aufrichtigkeit seiner Stimmabgabe? Während die ersten beiden Fragen individualistisch sind und Monsieur Rouget in den Mittelpunkt der Bühne stellen, werden wir durch die beiden anschließenden Fragen daran erinnert, daß in dem Stück auch noch andere Figuren vorkommen und daß es im Hintergrund Institutionen, Praktiken und Kollektiv-vorstellungen gibt. Damit ist das zentrale Thema meiner Ausführungen benannt.

»Sinn« ist der allgemeine Grundbegriff der Hermeneutik, doch ich muß zugeben, daß ich ihn zu schwammig finde, als daß ich viel damit anfangen könnte. Der Begriff hat zu viele Bedeutungen, und jede dieser Bedeutungen läßt sich nur mühsam präzis genug darlegen, wenn es darum geht, zu Erkenntniszwecken Wissensansprüche mit Bezug auf den Sinn einer Handlung zu rechtfertigen. Mag sein, daß Weber ähnlich empfunden hat. Jedenfalls geht er rasch dazu über, den Begriff »Sinn« mit Hilfe des Begriffs »Rationalität« zu erläutern, und ich werde mich ihm anschließen. Die Hauptfrage lautet dann: »Handelt Monsieur Rouget rational?« und die Schlüsselvoraussetzung besagt, daß die Handlung, insofern sie rational ist, verstanden werden kann, indem man ihre Gründe rekonstruiert. Dem möchte ich sogleich hinzufügen, daß diese Frage weder klar noch einfach ist und daß gar nicht abzusehen ist, was wir mit der Antwort anfangen sollen. Doch ich werde mein Bestes tun, um im Zuge der folgenden Ausführungen Licht auf diese Probleme zu werfen.

Indes Weber eine Beziehung herstellt zwischen Rationalität und Verstehen, beginnt er mit einer Unterscheidung zwischen »aktuellem« und »erklärendem« Verstehen. Das aktuelle Verstehen ist sozusagen eine aufs Innere bezogene Wahrnehmung, eine Art von Einfühlung, die im Hinblick auf die Erkenntnis der Gesellschaft das gleiche leistet wie die Wahrnehmung im Hinblick auf die Erkenntnis der physischen Welt. Durch Einfühlung »sieht« man einfach, daß jemand das Gewehr auf eine andere Person anlegt, wiewohl der Wilde, der keine Feuerwaffen kennt, womöglich nichts dergleichen »sieht«. Durch das »erklärende« Verstehen gelangt man z. B. zu der Erkenntnis, daß der Schütze sein Gewehr so angelegt hat, um im Zuge der Blutrache einen Blutsverwandten des Mörders seines Bruders zu töten. Dazu gehört, daß man die Handlung in dreierlei Weise einem Sinnkomplex zuordnet. Erstens ist da die »historische« Betrachtungsweise: Der spezifische Streitanlaß wird herausgestellt, es wird erkannt, daß die Blutrache eine in dieser spezifischen Gesellschaft geübte Praktik ist, und es wird gezeigt, daß dieser spezifische Grund tatsächlich die Triebfeder des Schützen ist. Der Schütze A legt auf B an, der mit C verwandt ist, welcher der Mörder von D – des Bruders von A – ist. Dergleichen wäre sinnlos in einer Gesellschaft, in der es die mit der Blutrache zusammenhängenden Verwandtschaftsbegriffe gar nicht gäbe.

Die historische Genauigkeit setzt also sowohl die eingebürgerte Praxis als auch ein tatsächlich gegebenes Motiv voraus. Zweitens gibt es da die »soziologische« Betrachtungsweise, bei der die Handlung durch den Nachweis, wie sie – z. B. bei »soziologischer Massenbetrachtung« – »durchschnittlich und annäherungsweise« gemeint ist, einem Sinnkomplex zugeordnet wird. Der Hinweis auf das »Durchschnittliche« klingt nach Statistik, als wäre dies der Punkt, an dem die Verbindung hergestellt wird zur Adäquatheit auf Webers Kausalebene. Ich für mein Teil werde es jedoch nicht so auffassen. An irgendeiner Stelle muß auch der institutionelle Kontext eingeführt werden, insbesondere wenn der Betreffende in einer institutionsgebundenen Eigenschaft handelt. Ich fasse »durchschnittlich« daher im Sinne von »typisch« auf, also im Sinne eines Begriffs, der mit Webers Begriffsapparat der Idealtypen zusammenhängt.

Denn drittens kann man sich auch dort, wo eine Handlung mit einer etablierten Praxis übereinstimmt, dennoch fragen, ob dies reiner Zufall ist. Hier führt Weber den Begriff einer völlig rationalen Handlung ein, einer Handlung, deren Logik einem »Idealtypus« bzw. einem von zwei verschiedenen »Idealtypen« angehört. Leichter zu erkennen ist der Typ der *ökonomischen* Rationalität, der durch das volkswirtschaftliche Modell des rationalen Akteurs exemplifiziert wird. Der ideell rational Handelnde hat konsistente Präferenzen und bemüht sich, sie im Rahmen der durch die Situation gegebenen Bedingungen zu erfüllen, indem er tut, was seinen erwarteten Nutzen maximiert. Indem wir das Problem der Entscheidung abstrahieren und es objektiv lösen, verfügen wir über einen Maßstab zur Untersuchung des Tuns eines wirklichen Handelnden aus Fleisch und Blut. Dementsprechend können wir, soweit die Stimmabgabe für die Kommunistische Partei den Präferenzen von Monsieur Rouget nachweislich am besten dient, verstehen, daß er in diesem instrumentellen Sinn rational gehandelt hat. Insoweit es für ihn besser gewesen wäre, z. B. taktisch für eine andere Partei zu stimmen, müssen wir diese vom Ideal abweichende Situation in anderer Weise analysieren. Doch durch den Idealtypus ist dann kenntlich gemacht worden, was darüber hinaus der Erklärung bedarf.

Die andere Art von »Idealtypus« ist begrifflicher Natur und umgrenzt eine Klassifikation, etwa durch die Begriffe »feudal«, »patrimonial«, »charismatisch« oder »bürokratisch«. Ihr Nutzen besteht darin, durch Angabe der inneren Systemlogik ein Schema für ein in seiner reinen Form gesehenes soziales System bzw. für einen Teil eines solchen Systems abzugeben. Die ideale Bürokratie z. B. ist derart beschaffen, daß alle Handlungen der Beamten durch die vollständigen und konsistenten Regeln der Organisation und durch ihren Ort in ihr analysiert werden können. Dieser Idealtypus – den wir auch den *soziologischen* nennen können – ist weit weniger klar als der ökonomische; doch der Frage, wie er sich in Webers eigenen Schriften ausnimmt, werde ich hier nicht weiter nachgehen. Einstweilen genügt es, daß es eine Möglichkeit gibt, das Handeln dadurch zu rekonstruieren, daß man Gründe dafür ausfindig macht, die in den Regeln einer Institution oder einer Praktik enthalten sind und die überdies der Voraussetzung unterliegen, daß jeder Handelnde in einer ähnlichen Lage das gleiche getan hätte. So gehört Monsieur Rouget zur Klasse der Industriearbeiter, und dieser Umstand verweist auf eine Reihe von Gründen für die Stimmabgabe zugunsten der Kommunistischen Partei, wobei diese Gründe in einer Beziehung zur Klassenstruktur stehen und für alle ähnlich situierten Personen gleichermaßen gelten.

Ginge es in der vorliegenden Arbeit unmittelbar um gesellschaftstheoretische Fragen, hätten wir nun eine gewaltige Liste von Aufgaben vor uns, die von Webers faszinierender, aber komplexer Analyse der modernen Welt ausginge und über konkurrierende Theorien zum Schluß vermutlich zu den kommenden französischen Wahlen hinführte. Das geht jedoch weit über den mir gesetzten Rahmen hinaus, und ich werde schon zufrieden sein, wenn wir zum Schluß mit einigen geordneten Gedanken über die Idee der rationalen Nachkonstruktion dastehen. Weber spricht über das Handeln zunächst im Hinblick auf den subjektiven Sinn, wodurch er sogleich das Problem des Fremdpsychischen aufwirft und es als ausschlaggebend hinstellt für die Sozialwissenschaften. Damit hat er gewiß recht, wenn man einräumt, daß die Geschichte eine Sozialwissenschaft ist und daß eine Aufgabe der Historiker darin besteht, nachzukonstruieren, wie bestimmte Akteure in bestimmten Kontexten zu bestimmten Entscheidungen gelangt sind. Doch zugleich bleibt uns damit die Aufgabe, uns mit zwei Dimensionen der Ambivalenz auseinanderzusetzen.

Im ersten Fall geht es um die abschließende Beziehung zwischen der Sinnebene und der Kausalebene. Im zweiten Fall handelt es sich um die Beziehung zwischen individueller Handlung und kollektiven Institutionen. Schematisch gesprochen gibt es $2 \cdot 2$ Möglichkeiten, um die Trumpffarbe ausfindig zu machen (wobei einstweilen vorausgesetzt werden muß, daß Trümpfe bei diesem Spiel überhaupt eine Funktion haben):

	Erklären	Verstehen
kollektiv		
individuell		

Nun wollen wir die Frage betrachten, wie die Felder am besten auszufüllen sind und wie man geltend machen könnte, daß genau eines von ihnen die Trümpfe enthält. Ansätze zur Auseinandersetzung mit der sozialen Welt, die von der Philosophie der Naturwissenschaften ausgehen, können einräumen, daß das Verstehen ein nützliches heuristisches Hilfsmittel ist, doch eine weitergehende Rolle können sie ihm nicht zubilligen. Die erkenntnismäßigen Trümpfe liegen mit Notwendigkeit in der Rubrik »Erklären«. So beschäftigt sich die Positive Wissenschaft ausschließlich im Hinblick auf umfassende Gesetze und Ausgangsbedingungen mit Monsieur Rouget. In der von Przeworski und Teune dargelegten Version gibt es gar keinen Versuch, auch das einzubeziehen, was in Monsieur Rougets Kopf vorgeht. Alle Aufgaben werden von verhaltensbezogenen Indikatoren erfüllt, wie z. B. Alter, Geschlecht und Berufszugehörigkeit. Dieses Vorgehen ist aber keineswegs verpflichtend. Auch wenn die Atome und Elementarteilchen der Chemie und der Physik nichts im Kopf haben, ist das kein Grund zur Annahme, die Menschen könnten nicht denken. Auf der Liste der Positiven Wissenschaften kann auch die Positive Psychologie in Erscheinung treten, vorausgesetzt, sie hält sich an das gleiche Erklärungsmuster mit seinen umfassenden Gesetzen und Ausgangsbedingungen. Gegen heuristische Hilfsmittel – wie etwa die direkt an Monsieur Rouget gerichtete Frage nach seinen Ansichten – ist durchaus nichts einzuwenden, solange sie zu dem Zweck eingesetzt werden, Monsieur Rouget korrekt und mit zuverlässigen Wahrscheinlichkeitswerten bestimmten Gruppen zuzuordnen.

Dieser Verallgemeinerungscharakter der Erklärung wirft eine spannende Frage auf in bezug auf den Bereich »kollektiv/individuell«. Die Positiven Sozialwissenschaften wirken oft individualistisch, was vielleicht zum Teil daran liegt, daß es – ebenso wie im Fall der Positiven Ökonomie – moralische und politische Bedeutungen von »Individualismus« gibt, die sie mit umfassen möchten. So entnehmen Przeworski und Teune ihre Fragen in bezug auf Monsieur Rougets Stimmverhalten einer Liste typischer Fragestellungen wie »Warum unterstützten die mittelständischen Geschäftsleute in Vermont 1954 McCarthy?« und »Warum griff Napoleon Rußland an?«. Sie stellen ihre Fragen in bezug auf Individuen, doch die Antworten sind allgemein und müssen allgemein sein. Selbst Napoleon kann kein absoluter Einzelfall gewesen sein. Solange es nicht möglich ist, ihn einer Gruppe von Feldherrn zuzuordnen, die unter ähnlichen Bedingungen ähnliche Handlungen vollzogen haben, kann es keine Erklärung dafür geben, warum er in Rußland einmarschiert ist.

Im Hinblick auf die Positive Ökonomie läßt sich die gleiche These noch deutlicher aufzeigen: Der Homo oeconomicus rationalis ist eine handelnde Einzelperson; dennoch ist er weder mit dir noch mit mir noch mit unserer Nachbarin Frau Schmidt identisch. Er ist eben jeder beliebige Handelnde, der dem Modell entspricht sowie dem Prädikat »rational«, das zunächst ein Interesse daran verspricht, wodurch sich Frau Schmidt von Frau Müller unterscheidet, in Wirklichkeit aber die individuellen Unterschiede beseitigt. In den folgenden Kapiteln werde ich mich weiter mit diesem Thema auseinandersetzen. Einstweilen geht es lediglich um die Frage, wie die Positiven Analysen im Rahmen des Bereichs »individuell/kollektiv« zu klassifizieren sind.

Obwohl es sich hier um eine Form von Erklärung handelt, bei der das Allgemeine das Besondere erklärt und es sozusagen aus dem Weg räumt, ist es nach meinem Urteil ein individualistisches Verfahren. Das liegt daran, daß es noch ein weit weniger individualistisches Verfahren gibt, das in dem Feld »kollektiv« untergebracht werden soll.

Der Logische Positivismus stützt sich auf einen schwachen, von Hume hergenommenen Begriff der Kausalität, durch den der einzelne keiner Bedrohung durch das Wirken systemzugehöriger Kräfte ausgesetzt wird. Manche Arten von Erklärung stützen sich jedoch auf viel stärkere Formen von Kausalität. Ein Beispiel ist das 1979 publizierte Buch *Theory of International Relations* von Kenneth Waltz. Der Autor vertritt den Gedanken, es gebe ein unsichtbares, aber dominierendes internationales System, welches den einzelnen Nationalstaaten, aus denen es sich in ähnlicher Weise zusammensetzt wie das Sonnensystem aus den Planeten, ihr Verhalten vorschreibt. Wir leben in einer durch zwei Supermächte bestimmten bipolaren Welt, weil dies für die Erhaltung des Systemgleichgewichts erforderlich ist. Jede Abweichung, etwa der Versuch des Auftauchens einer dritten Supermacht, wird von kurzer Dauer sein, weil drei Supermächte ein instabiles System bilden würden, in dem nur zwei überleben können. Dieser Gedanke ist so unverkennbar antiindividualistisch, daß er offensichtlich in das Feld »kollektiv« gehört und zugleich alle Theorien über rationale Akteure (wie z. B. die Positive Ökonomie) ausschließt.

Dies ist »Funktionalismus« in seiner extremsten strukturell-funktionalen Gestalt. Unverblümte Beispiele für diese Auffassung sind heutzutage selten, doch Waltz ist eine führende Persönlichkeit auf dem Gebiet der Theorien internationaler Beziehungen, und vermutlich gibt es sogar in der angeblich individualistischen Ökonomie, die den Vorrang der Marktkräfte herausstreicht, einen gewissen unausgesprochenen Funktionalismus. Es muß daher deutlich ausgesprochen werden, daß der Bereich »individuell/kollektiv« ein Kontinuum bildet, in dem die beiden Felder der Rubrik Extrempunkte kennzeichnen, während Kompromisse im Gebiet der Grenzlinie häufig vorkommen. Diese Erkenntnis läßt sich durch einen bekannten Vergleich verdeutlichen: Oft wird die Beziehung zwischen System und Einheit mit den beiden Projektionsmethoden verglichen, die man zur kartographischen Darstellung der Erde verwendet. Die Mercator-Projektion verzerrt das Bild in Richtung der Pole, während die othodromische Projektion in Richtung Äquator zu Verzerrungen führt; dennoch sind beides Projektionen derselben Erdkugel. Wird uneingeschränkt behauptet, daß die Systeme das individuelle Verhalten determinieren, oder umgekehrt, daß die angeblichen Systeme nichts weiter sind als die Summe individueller Handlungen, so wird damit der kartographische Vergleich zurückgewiesen. Die verschiedenen Kompromisse dagegen lassen den Vergleich gelten.

In der Spalte »Erklären« heißt es nun:

	Erklären	Verstehen
kollektiv	Funktion	
individuell	Nutzen	

»Nutzen« steht hier für das motivierende Element in den vom rationalen Akteur ausgehenden Modellen sozialen Handelns, soweit diese sich am Kausalbegriff und an den Naturwissenschaften orientieren. Dem Wort wird auch keineswegs Gewalt angetan, wenn man in diesem Zusammenhang von »Rationalität« spricht. Die Funktionen dagegen sind der Feind der Handlungsgründe, und das Feld links oben liefert nur in dem bemühten Sinn eine »rationale Nachkonstruktion«, als jegliche Wissenschaft ein Suchen nach rationaler Ordnung in Natur und Menschenwelt darstellt. Die Kompromisse beruhen auf den Verdiensten des Kompatibilismus als eines philosophischen Verfahrens, Gründe und Ursachen miteinander in Einklang zu bringen. Das Strukturfeld in der Verstehen-Spalte oben rechts hängt da schon eher mit »Rationalität« im üblichen Sinne zusammen. Für Kenner der englischsprachigen Philosophie liegt es auf der Hand, dieses Feld mit dem Titel von Peter Winchs Buch *Die Idee der Sozialwissenschaft* auszufüllen; dort wird die Kausalerklärung für den Bereich der Sozialwissenschaften entschieden zurückgewiesen und durch eine bestimmte Vorstellung regelgeleiteten Verstehens ersetzt. Um zu verstehen, was soziale Akteure tun und weshalb sie es tun, müssen wir die Regeln ausfindig machen, denen sie dabei folgen. Alle Regeln sind in ihrem Wesen sozial oder kollektiv – dies ist der Schluß, den Winch aus Wittgensteins Bemerkungen über die vermeintlich private Sprache zieht. Praktiken und Institutionen sind Büschel aus konstitutiven Regeln, und das soziale Handeln ist der lebendige Ausdruck dieser Kulturgebilde. Warum sind Institutionen so beschaffen, wie sie es faktisch sind? Wie und warum wandeln sie sich? Winch gibt sich damit zufrieden, diese Fragen abzuwehren, wobei er sich auf Wittgensteins lapidare Bemerkung stützt: »Das Hinzunehmende, Gegebene – könnte man sagen – seien *Lebensformen*.«[3] Der Begriff, der dieser Analyse zufolge in das Feld rechts oben gehört, ist »Regel«, und er gehört deshalb dort hin, weil er in seinem Wesen unverwüstlich sozial ist.

Es ist verlockend, hier noch weiter zu gehen und eine Analyse des sozialen Wandels hinzuzufügen, die die auslösende Kraft nicht in den handelnden Einzelpersonen ansie-

3 Ludwig Wittgenstein, *Philosophische Untersuchungen*, ii.xi. Werkausgabe Bd. i, Frankfurt: Suhrkamp, 1984, S. 572.

delt. Hierhin gehört etwa Hegels Vorstellung von der »List der Vernunft«, die die Konsequenzen der Handlungen in einer Weise zusammenfaßt, die von den Akteuren nicht gewollt ist, dafür aber der weltgeschichtlichen Entwicklung entspricht. Es ist jedoch schon lange her, daß eine derart berauschende Hermeneutik die andere Seite des Ärmelkanals erreicht hat, und ich bin ebenso wie andere britische Philosophen dazu erzogen worden, mich an schwächere Getränke zu halten, um nüchtern zu bleiben. Dennoch wäre es eine seltsame Sozialphilosophie, die sich weigerte, den sozialen Wandel zu berücksichtigen, und nicht einmal die Autorität eines Wittgenstein wird einen davon abhalten, Fragen mit Bezug auf die Lebensformen zu stellen. Aber dieses Thema müssen wir hier zunächst vertagen.

Auf jeden Fall läßt sich im Anschluß an Wittgenstein eine angemessen hermeneutische Konzeption von Sozialstruktur entwickeln. Dabei stelle man sich vor, die Sozialstruktur sei eine Menge von Regeln, die das soziale Handeln konstituieren und regulieren. Konstitutiv für das soziale Handeln sind sie immer dann, wenn es unabhängig von den Regeln, durch die sich das Geschehen identifizieren läßt, gar keine derartige Aktivität gäbe. Die Stimmabgabe z. B. setzt die Existenz eines Wahlsystems voraus. Das Hinwerfen des Fehdehandschuhs ist eine Herausforderung zum Zweikampf nur dann, wenn das Duell eine anerkannte Einrichtung ist. Wörter haben nur die Bedeutung, die ihnen durch die Regeln des Sprachspiels verliehen wird. Eine Sozialstruktur ist eine Menge von Wittgensteinschen »Spielen« für Akteure, die wissen, »wie es weitergeht«. Die regulativen Regeln dagegen leiten die Entscheidungen im Rahmen der jeweiligen Spiele. Während das Wahlsystem etwa konstitutiv ist für eine Demokratie, wird sie durch praktische Regeln reguliert, die bestimmen, wie man sich am politischen Leben einer Demokratie beteiligt. Die konstitutiven Regeln bestimmen, grob gesprochen, was überhaupt als Spielen des Spiels gilt, während die regulativen Regeln die Verfahren festlegen, nach denen man sich richten muß, um gut zu spielen. Das Urbild einer sozialen Tätigkeit ist die Sprache.

Sobald wir diesen Begriffsapparat auf Monsieur Rouget anwenden, wirkt unser Verständnis seines Stimmverhaltens merkwürdig stilisiert. Wird zur Wahl aufgerufen, nimmt er daran teil, indem er sich im Wahllokal einfindet und auf dem Stimmzettel ein Kreuz macht. Das ist konstitutiv für das Wählen. Für die Kommunistische Partei stimmt er jedoch nicht deshalb, weil dies eine begriffliche Bedingung wäre für das Sein des Industriearbeiters, sondern weil unter einer kommunistischen Regierung das Leben der Industriearbeiter (nach seiner Überzeugung) angenehmer ist. Das wirkt so, als brächten Monsieur Rougets politische Handlungen nichts weiter zum Ausdruck als eine Lebensform sowie seine Rolle im Rahmen dieser Lebensform. Das ist beinahe so, als wäre das Verstehen der Politik etwas Ähnliches wie das Verstehen der Einhaltung religiöser Vorschriften. Dieser merkwürdig stilisierte Ansatz ergibt sich aus der Annahme, die Handlung könne keinen Sinn oder kein Motiv haben, das außerhalb des jeweils gespielten Spiels steht – eine Auffassung, gegen die ich weiter unten Einwände erheben werde. Fürs erste liefert sie immerhin eine kollektivistische oder holistische Vorstellung von »rationaler Nachkonstruktion«, wonach das regelgeleitete Verhalten als Ausdruck des institutionalisierten sozialen Lebens verstanden wird.

Durch Funktionen und Institutionen wird das Handeln sozusagen von oben nach unten analysiert. Das Verfahren ist zwar nicht das gleiche, doch in beiden Fällen werden die Einheiten durch ihre Rolle im System – also im Hinblick auf den dynamischen Aspekt der Struktur – erklärt. Die beiden unteren Felder dagegen leiten die Analyse von unten nach oben. Das deutlichste Beispiel ist der vom Vertragsgedanken ausgehende Ansatz, der zur Zeit so stark im

Schwange ist. Die sogenannte »Moderne Politische Ökonomie« z. B. verfügt über ein Repertoire aus Entscheidungstheorie, Theorie rationaler Entscheidungen und Theorie der n-Personen-Spiele. Sie faßt die handelnden Menschen als eigennützige, rationale soziale Atome auf und versucht nachzuweisen, wie sich die kombinierten Wirkungen der Handlungen als Summe der Einzelentscheidungen mitsamt ihren Konsequenzen ergeben. Dieser theoretische Ansatz verfährt zunächst so, daß er das Handeln im Rahmen existierender Parameter – z. B. im Rahmen eines durch Gesetz und Regierungsform gegebenen Systems – analysiert und dabei insbesondere auf das ökonomische Handeln (im normalen Sinne von »ökonomisch«) achtet. Implizit handelt es sich jedoch um eine ganz allgemeine Analyse, die schon bald sowohl in anderen sozialen Bereichen, in denen das Handeln ebenfalls – wenn auch nicht so offenkundig – »ökonomisch« ist, als auch auf die Parameter selbst angewendet wird. Dabei erweist sich die Sozialstruktur als Ergebnis der sozialen Interaktion, die ihrerseits aus individuellen Handlungen resultiert. Heraus kommt dabei eine unbekümmerte und ehrgeizige individualistische Theorie des Gesellschaftsvertrags. Die Struktur einer Gesellschaft besteht aus Institutionen, die von früheren Spielen zurückgelassen werden. Der soziale Wandel ist das Werk gegenwärtiger Spiele und ihrer unbeabsichtigten Konsequenzen.

Diese Art von Individualismus des rationalen Akteurs wird gewöhnlich in die Spalte »Erklären« eingetragen. Ebendiese Theorie schwebte mir auch vor, als ich in das Feld unten links »Nutzen« schrieb. Es handelt sich dabei insofern um eine Übung in rationaler Nachkonstruktion, als wir es mit subjektiven Nutzenerwägungen und individuellen Entscheidungen zu tun haben, die sowohl von individuellen Präferenzen als auch von subjektiven Überzeugungen abhängen. Es erscheint durchaus naheliegend, wenn man hinzufügt, daß die Überzeugungen und Wünsche der

Handelnden Ursachen des Handelns sind, wobei die Verbindungen durch psychologische Gesetze mit Maximierungscharakter wiedergegeben werden. Deutlich wird das in dem idealtypischen oder Grenzfall, in dem die Handelnden allesamt über vollkommene Informationen und gleichartige innere Computer verfügen und sich nur durch ihre gegebenen Präferenzen unterscheiden. Hier sind die Erklärungen offenbar kausale und unterscheiden sich der Art nach nicht von dem, was der Chemiker oder der Physiker eventuell über Wasserstoffatome sagen möchte.

Wenn man gründlich darüber nachdenkt, scheint es sich jedoch um einen seltsamen Individualismus zu handeln, der die Unterschiede zwischen den einzelnen so ausbügelt, daß die Handlungen einer rational handelnden Person durch ihre Präferenzen und durch ihre Situation vollständig determiniert sind. Ein gewisser Verdacht wird erweckt, wenn man feststellt, daß dieser Ansatz häufig als »situationsbedingter Determinismus« bezeichnet wird. Es ist ein Individualismus ohne Individuen. Bei der Rekonstruktion dessen, was den »ökonomisch« Handelnden durch den Kopf geht, schien zwar ein Element des Verstehens und damit eine entschiedene Ablehnung des Behaviourismus gegeben zu sein, doch in Wirklichkeit spielt das Verstehen nur eine bescheidene heuristische Rolle, wenn die handelnden Einzelpersonen zu ihrem universellen Prototyp in Beziehung gesetzt werden. Ja im Grunde leistet es nicht einmal das, wenn das Problem des Fremdpsychischen, das im Hinblick auf subjektive Nutzenerwägungen formuliert wird, dann gelöst wird, indem man die Präferenzen der Handelnden aus ihrem Tun erschließt und dabei von der Voraussetzung ausgeht, daß die Präferenzen vollständig und widerspruchsfrei sind.

Um zu einer Alternativanalyse zu gelangen, möchte ich zwei Einwände erheben, denen ich dann in den folgenden Kapiteln weiter nachgehen werde. Der erste richtet sich gegen die Humesche Theorie des Bewußtseins, die davon ausgeht, daß die Überzeugung anderer Art ist als der Wunsch und daß nur der Wunsch als Motiv fungieren kann. Hume formuliert es so: »Die Vernunft allein kann niemals das Motiv einer Willenshandlung sein«; »die Vernunft ist und sollte nichts anderes sein als die Sklavin der Leidenschaften, und niemals kann sie ein anderes Amt beanspruchen, als den Leidenschaften zu dienen und zu gehorchen«.[4] Diese Annahme ist so tief in der vertrauten »ökonomischen« Analyse des rationalen Handelns vergraben, daß sie kaum auffällt. Sie ist aber eben doch vorhanden und sie ist der Grund für den kausalen Charakter mikroökonomischer Erklärungen. Bei meiner Kritik dieser Auffassung werde ich mich auf Kant stützen.

Mein zweiter Einwand richtet sich gegen das Postulat, der Eigennutz sei die Triebkraft der Handelnden, die – wieder im Anschluß an Hume – als Präferenzenbündel plus Computer aufgefaßt werden. Daraus ergibt sich eine am Vertragsgedanken orientierte Auffassung, die nicht auf Kant oder Rousseau zurückgeht, sondern auf Hobbes oder Hume. Implizit ist damit gesagt, man könne sich einen Begriff von den Individuen machen, ehe man irgendwelche Normen und Prinzipien berücksichtigt, die das Leben oder nachgerade die Identität dieser Individuen prägen. Will man den Individualismus daher umstülpen, so heißt das: die Philosophie des Handelns ändern, indem man neue Vorstellungen vom Ich ins Spiel bringt. Diese Umorientierung wird von Kant allerdings nicht in der gleichen Weise vollzogen wie von Rousseau. Rousseau stellt den Menschen, grob gesprochen, als das soziale Wesen hin, das paradoxerweise durch den Gesellschaftsvertrag selbst erschaffen wird. Anstelle eines »bornierten, dummen Tiers«, das ausschließlich vom Instinkt, von physischen Trieben, Begierden und vom Eigennutz geleitet wird, erhalten wir ein »Vernunftgeschöpf«, das sich nach Gerechtigkeit,

4 David Hume, *A Treatise of Human Nature* ii.3.iii.

Pflicht, Recht und altruistischen Motiven richtet. Kant dagegen folgt der älteren Vorstellung, wonach das prinzipiengetreue oder moralische Handeln der Inbegriff rationalen Handelns ist und wonach das Ich idealerweise mit Hilfe des Begriffs des guten Willens gedeutet werden soll. Mein Eintrag im Feld rechts unten ist daher eher ein Versprechen als eine Beschreibung. Dieser Eintrag lautet »Pflichten« – ein mehrdeutiger Begriff, mit dem entweder moralische Forderungen gemeint sein können oder aber die normativen Erwartungen, die in eine Person mit sozialer Rolle gesetzt werden. Indes ich die Klärung dieser Mehrdeutigkeit auf später verschiebe, möchte ich hier nur kurz die Unterschiede herausstreichen, die zwischen den als Handlungselementen aufgefaßten »Nutzenvorstellungen« und »Pflichten« bestehen. Nutzenvorstellungen werden in die Rubrik »Erklären« eingebracht, um bei der Vorhersage zu helfen. Wenn wir Monsieur Rougets Nutzenvorstellungen kennen, können wir uns ausrechnen, wie er seinen Nutzen zu maximieren gedenkt, und vorhersagen, was er tun wird. Wir erwarten, daß er das tun wird, wovon er erwartet, daß es seinen Ertrag maximiert (und in diesem Satz läuft »erwarten« beide Male auf das gleiche hinaus wie »vorhersagen«). Wissen wir dagegen, welches seine »Pflichten« sind, so wissen wir, was von ihm erwartet wird (wobei »erwarten« besagt, daß seine Handlung mit Hilfe moralischer Begriffe zu beurteilen ist). Normativ sind diese Begriffe vielleicht nur insofern, als sie soziale Normen zum Ausdruck bringen, die seine Stellung in seiner Ortsgemeinschaft regeln; doch selbst wenn man die Begriffe derart relativiert, dienen sie nicht bloß der Prognose. Was in normativer Hinsicht erwartet wird, ist nicht das gleiche wie das, was normalerweise getan wird, und auf diese Lücke werde ich mich später berufen, um ein spezifisches Merkmal des Verstehensbegriffs herauszuarbeiten.
Nun sind alle vier Felder ausgefüllt:

	Erklären	Verstehen
kollektiv	Funktion	Regeln
individuell	Nutzen	»Pflichten«

Und im Hinblick auf beide Spalten stellt sich die umfassende Frage, ob man »von oben nach unten« oder »von unten nach oben« vorgehen soll, also von der Struktur zum Handeln oder vom Handeln zur Struktur. Ich gebe zu, das Diagramm wirft mehr Fragen auf als es beantwortet, namentlich in bezug auf die Trennlinien, die auf strikte Grenzen schließen lassen, wo man eher ein Ineinanderübergehen der Begriffe wünscht. Doch zumindest sollte das Diagramm dazu dienen, eine thematische Gliederung zu liefern.

Weber hat sicher recht, wenn er sowohl auf der Ebene des Sinns als auch auf der Ebene der Kausalität Adäquatheit verlangt. Dadurch werden die Sozialwissenschaften sogleich als verschieden hingestellt von den Naturwissenschaften. Ich markiere diese Stelle durch die Behauptung, das Problem des Fremdpsychischen – und damit zugleich die Frage nach der Handlungstheorie, auf die wir angewiesen sind – sei im Hinblick auf die soziale Welt das zentrale philosophische Problem. Wir müssen uns Monsieur Rougets Welt von innen her verständlich machen und wir können uns darauf verlassen, daß wir durch diesen Versuch irgendwann in die gefürchteten hermeneutischen Zirkel geraten. Kurz, hier haben wir es mit einer Aufgabe der *rationalen Nachkonstruktion* zu tun, die sich von den Aufgaben der Physik in bezeichnender Weise unterscheidet.

Aber ob es sich dabei um letzte Unterschiede handelt, steht

nicht fest. Ist das Verstehen einer Person wie Monsieur Rouget nichts weiter als eine vorbereitende Maßnahme zur Einstufung in ein Kausalschema, das nicht sonderlich verschieden ist von den Schemata der Physik oder jedenfalls der Biologie, dann werden wir uns schließlich einer Art von »Naturalismus« bedienen, während das Verstehen nur heuristischen Wert hat. Sind aber die Regeln, die das Handeln konstituieren und regulieren, oder die Handlungsgründe, die spezifisch sind für soziale oder moralische Wesen, nicht nur die Anfangs-, sondern auch die Endpunkte der rationalen Ordnung in Monsieur Rougets Welt, dann benötigt das Verstehen seine eigene Erkenntnistheorie im Dienste des »Humanismus«, wie man vielleicht sagen darf. Außerdem besteht freilich eine gewisse Aussicht auf Kompromißlösungen. Es mag sein, daß im Hinblick auf Monsieur Rouget sowohl Erklärung als auch Verstehen nötig sind. Hier sind zwei Gedankengänge möglich: Der eine geht dahin, daß die Sinnebene und die Kausalebene einander ergänzen. Wir sind soziale Lebewesen. Wir schreiben Sonette und werden hungrig; wir verehren unsere Götter und vermehren unsere Gattung; wir kennen natürliche wie sozial bestimmte Geschlechtsaspekte, Rasse wie Stammeszugehörigkeit, Geographie wie Nationalität. Monsieur Rouget ist sowohl den Produktivkräften als auch den Produktionsverhältnissen ausgesetzt; er lebt sowohl im ökonomischen Unterbau als auch im Überbau; sein Bewußtsein ist sowohl praktisch als auch ideologisch; und diese Meinungen sind ihrerseits einer Theorie entnommen, die angefochten werden kann. Definieren wir eine soziale Tatsache als Tatsache, die mit Bezug auf jeden einzelnen Handelnden extern, aber mit Bezug auf alle zusammengenommen intern ist, und definieren wir eine natürliche Tatsache als Tatsache, die für die einzelnen wie für die Gesamtheit extern ist, dann brauchen wir womöglich sowohl natürliche als auch soziale Tatsachen. In diesem Fall ist die Sinnebene genauso vonnöten wie die Ebene der Kausalität, auch wenn es dadurch ungeheuer kompliziert wird, die beiden Ebenen in Einklang zu bringen.

Der zweite Gedankengang geht dahin, daß das rationale Handeln einer anderen Analyse bedarf als das irrationale oder nichtrationale Handeln. Die Kompromißlösung ist die, die durch Webers Gebrauch des Begriffs »Idealtypus« nahegelegt wird. Insoweit Monsieur Rouget so stimmt, wie es dem Ideal rationalen Wahlverhaltens entspricht, verhilft uns die rationale Nachkonstruktion zu der Einsicht, warum er für die Kommunistische Partei stimmt. Insoweit wir einen besseren Grund kennen, aus dem er für die Sozialisten (oder gar für die Konservativen) hätte stimmen sollen, müssen wir seinen Mangel an Rationalität auf andere Weise begreiflich machen. Mit diesem Gedanken beginnt die Sozialphilosophie eine Verbindung mit der politischen Philosophie oder gar mit der Moralphilosophie einzugehen, indes die Unterscheidung zwischen dem Positiven und dem Normativen allmählich dahinschmilzt. Diese Aussicht ist bestürzend, bis man sich überlegt, daß das rationale Handeln zumindest *effizient* ist in dem normativen Sinne, daß keine instrumentell bessere Alternative gegeben war, und in einem anspruchsvolleren Sinn vielleicht immer schon das *Beste* gewesen ist. Durch alle Theorien des rationalen Handelns wird implizit vorgeschrieben, wie man es besser machen kann.

Gleichviel, welcher Kompromiß uns vorschweben mag, in dieser Arena muß in der Philosophie um hohe Einsätze gespielt werden. Im nächsten Kapitel werde ich den Begriff der instrumentellen Rationalität erkunden, soweit dieser als Schlüsselbegriff zum Verständnis des sozialen Handelns aufgefaßt wird. Dieser Begriff hat eine Menge zu bieten, und der Philosoph ist zur Hilfeleistung verpflichtet im Geiste der Behauptung Humes, die Vernunft habe die Aufgabe, den Leidenschaften zu dienen und zu gehorchen. Doch dabei wird deutlich werden, daß das rationale Handeln nicht nur instrumentelle, sondern auch expressive Elemente enthält. Das dritte Kapitel wird sich gelegentlich von Hume verabschieden und dafür zu Wittgenstein übergehen und mitunter auch zu Kant, so daß die rationale Nachkonstruktion auch dann noch als philosophisch interessantes Unterfangen dastehen kann, wenn das Handeln nicht mehr bloß als das wirksamste Mittel zu einem gegebenen Zweck gilt. Bei dem Kernproblem, das wir dann erreicht haben werden, geht es um die Frage, wie wir die *Personen* auffassen sollen, wobei wir von den Forderungen des Individualismus in die eine Richtung gezerrt werden und in die andere Richtung von der antiken Vorstellung, die Individuen seien soziale Wesen, die durch ihre Gemeinschaftszugehörigkeit etwas Wichtiges dazugewinnen.

Warum, so fragen wir uns abschließend, stimmt Monsieur Rouget eigentlich für eine Partei der Linken? Przeworski und Teune antworten in der Sprache des Logischen Positivismus, indem sie ihn durch die Kennzeichnung »jung, männlich, Franzose, Industriearbeiter« einer Gruppe zuordnen, die gewöhnlich für eine solche Partei stimmt. Die Statistik mag jedoch noch so imponierend sein, durch sie können wir die große Häufigkeit weder erklären noch verstehen, solange wir nicht mehr wissen. Zur Erklärung ist entweder ein Mechanismus erforderlich, durch den Monsieur Rouget als bloßes Anhängsel des Funktionierens der menschlichen Gesellschaft erscheint, oder eine psychologische Theorie, die seine soziale Welt in Überzeugungen und Wünsche übersetzt, die es bewirken, daß er seinen erwarteten Nutzen durch seine Stimmabgabe für die Kommunistische Partei maximiert. Das Verstehen verlangt entweder eine Reihe von umfassenden, vielleicht latenten Normen, nach denen sich Monsieur Rouget richtet, oder einige motivierende Gründe, die Monsieur Rouget und seinesgleichen zwingend einleuchten. Dies sind die vier Möglichkeiten, die durch das 2 · 2-Raster schematisch dargestellt werden. Es ist einfach nicht selbstverständlich, welche der vier ausschlaggebend sind und welche von untergeordneter Bedeutung.

Für die Fachphilosophen werde ich meine Zusammenfassung weniger erdenschwer formulieren: Hume steuert uns entschieden in Richtung auf die linke Spalte. Doch der Reiz seiner vom Common sense geprägten Führung ist in hohem Maße abhängig von einer Analyse des Kausalitätsbegriffs, die die Spannung zwischen dem freien Handeln und der Kausalerklärung beseitigt. Sobald die Ursachen in stärker mechanischer oder zwingenderer Weise determinieren, werden wir erfahren wollen, ob noch ein begrifflicher Unterschied besteht zwischen Handeln und Verhalten. Nach Kant wie nach Wittgenstein gibt es einen solchen Unterschied. Doch ihre Gründe lassen sich nicht miteinander vereinbaren. Wenn man geltend macht, die handlungsbestimmenden Gründe seien logisch verschieden von den ereignisbestimmenden Gesetzen, so ist das etwas völlig anderes als die These, es gebe eine Antinomie zwischen freien Wahlentscheidungen und kausal bewirkten physischen Veränderungen. Wittgensteins Vorstellungen bezüglich »Pflicht« sind Kants Ansichten über die Vorbedingungen des sittlichen Handelns ganz und gar nicht ähnlich. In diesem Kapitel bin ich auf der Hut gewesen und habe mich neutral verhalten, doch hoffentlich ist mir der Nachweis gelungen, daß Monsieur Rouget nicht bloß eine Kreatur der Partei ist, als die er von der positivistischen Lehrmeinung hingestellt wird.

2 Zwecke und Mittel

Einst lebte in Wittenberg ein Gelehrter von bescheidener Herkunft, der es weit gebracht hatte zum Doktor der Weltweisheit und der sich nun in »den himmlischen Dingen der Theologie« auszeichnete. Für die Wissenschaft der Theologie entscheidet er sich und zieht diese der Philosophie, der Jurisprudenz, der Physik und der bloßen Schultheologie vor, weil er der Meinung ist:

Philosophie ist verhaßt und dunkel,
Jus und Medizin sind für kleine Geister;
Gottesgelehrtheit ist die gemeinste der drei,
abscheulich, grob, nichtswürdig und scheußlich.

Dann ist er der goldenen Gaben der Gelehrsamkeit überdrüssig und wendet sich voller Verschlagenheit und Aufgeblasenheit der Zauberei zu. »Es ist die Zauberkunst, ja die Zauberkunst, die mich packt«, erklärt er, ehe er den Teufel beschwört, dem er seine Seele anbietet als Preis für vierundzwanzig Jahre eines Lebens in ausschweifender Üppigkeit:

Du sollst mir geben, was ich verlange;
Jede Frage, die ich stelle, sollst du beantworten;
sollst meine Feinde töten und meinen Freunden helfen.

Dies ist die Sage vom Doktor Faustus, wie sie im späten sechzehnten Jahrhundert von Christopher Marlowe erzählt wird. Vor einem deutschen Publikum hätte ich mich gern auf Goethes Fassung bezogen, hätte Goethe es nicht zugelassen, daß Faust, nachdem seine Zeit um ist, bereut und damit der Verdammnis entgeht, während Marlowe ihm keine Gnade gönnt. Faustus trifft eine freie und – wie er zu dieser Zeit glaubt – rationale Entscheidung. Und in der Tat erhält er all die Annehmlichkeiten, die Macht und das Wissen, die er ausgehandelt hat. Doch als die letzte Mitternachtsstunde naht, erkennt er seinen Fehler:

Verflucht seien die Eltern, die mich gezeugt!
Nein, Faust, verfluch dich selbst, verfluche Luzifer,
Der dich um die Freuden des Himmels gebracht hat.

Jetzt ist es zu spät für die Reue. Auch ein letztes verzweifeltes Angebot, seine Bücher zu verbrennen, kann ihn nicht retten. Er wird weggefegt in die ewige Verdammnis.

Faustus mißlingt es offenbar, seinen Nutzen zu maximieren, doch weniger klar ist, ob er zu Anfang, als es um den *erwarteten* Nutzen geht, rational handelt. Es mag frivol oder irrelevant wirken, wenn man fragt, ob es rational ist, einen Pakt mit dem Teufel zu schließen, zumal wenn es sich dabei nur um eine Sage oder um den Text eines alten Stücks handelt. Doch ich habe dieses ausgefallene Beispiel bewußt gewählt. Der Vorschlag, der sich im vorigen Kapitel vage abgezeichnet hat, besagt, wir sollten uns das Handeln verständlich machen, indem wir die Welt des Handelnden von innen heraus rational nachkonstruieren. Geleistet werden soll dies, indem man die Handlung als die von einem Handelnden gefundene Lösung eines Entscheidungsproblems einstuft und nachdem man die Lösung des Handelnden am Maßstab der ideal rationalen Lösung gemessen hat. Der in dieser Formulierung – ebenso wie in dem Ausdruck »rationale Nachkonstruktion« – ausschlaggebende Begriff ist der Begriff »rational«. Was soll damit genau gemeint sein? Hat dieses Wort einen eindeutigen Sinn oder hat es mehrere Bedeutungen? Die eleganteste Antwort wäre die, daß es nur einen einzigen Sinn hat, und die eleganteste Erläuterung, die den Sozialwissenschaften am meisten zu bieten hat, besagt, das Wort sei im Sinne von »zweckrational« oder »instrumentell effizient« zu verstehen. Das Faustus-Beispiel ist nicht abwegig, denn das Problem des Fremdpsychischen ist ein sprachbezogenes Problem, und dazu gehört auch die Überlieferung von Sagen und Dramentexten. Überdies gibt es Aufschluß sowohl über die Theorie der Zweckrationalität als auch über die Reichweite und die Grenzen dieses Begriffs.

Es ist nicht die formale Theorie der rationalen Entscheidung, von der wir ausgehen müssen, sondern die ihr zugrundeliegende Philosophie des Bewußtseins. Diese besagt, so möchte ich umfassend und unkontrovers annehmen, daß sich die Handlung aus einer Verbindung von Überzeugung und Wunsch ergibt. Doch schon bald erhält die umfassende Vorstellung manchen spezifisch Humeschen Drall in der frohgemuten Stimmung von Humes Versuch, die Denk- und Handlungsweisen der Menschen auf »möglichst einfache und möglichst wenige Ursachen« zurückzuführen. Der erste Drall kommt dadurch zustande, daß die Beziehung zwischen Überlegung und Handlung kausal gedeutet wird, so daß Überzeugungen und Wünsche als die psychischen Ursachen des physischen Verhaltens gelten. Der zweite Drall liegt darin, daß eine scharfe Unterscheidung getroffen wird zwischen Überzeugung und Wunsch, wobei die kausale Wirksamkeit einzig und allein dem Wunsch zugebilligt wird. (»Die Vernunft allein kann niemals das Motiv einer Willenshandlung sein«.[1]) Sobald der Drall in beiden Hinsichten gegeben ist, steht der Standardtheorie der rationalen Entscheidung nichts mehr im Wege.

Schön und gut, doch nun fragt es sich, warum Faustus den Zauberspruch äußert, durch den Mephistopheles herbeigerufen wird. Bewirkt wird seine Handlung durch den Wunsch nach

Massen von Gewinn und Freuden,
von Herrschaft, Ehre, Allmacht.

Dieser Wunsch hätte ihn nicht zu der Tat bewogen, wäre er nicht überzeugt, daß Zauberei der beste Weg ist, um den Wunsch zu erfüllen. Doch da es offenbar möglich ist, hinsichtlich Zauberei dieselben Überzeugungen zu vertreten wie Faust, ohne das zu wollen, was dadurch hervorgerufen wird, ist die Überzeugung nicht der motivierende Faktor.

1 Hume, *A Treatise of Human Nature*, ii.3.iii.

Schon hier sollten wir ein wenig argwöhnisch werden. Auch wenn die Überzeugung ohne den Wunsch keine motivierende Kraft hat, so scheint es doch auf der Hand zu liegen, daß der Wunsch nicht motiviert, sofern keine Überzeugung gegeben ist. Es ist nicht nur so, daß Faustus den Zauberspruch nicht äußern würde, wenn er keine bestimmten Überzeugungen hinsichtlich seiner Wirkung verträte. Es würde ihn auch gar nicht nach Herrschaft, Ehre und Allmacht gelüsten, wenn er nicht eine ganze Reihe von Überzeugungen hätte. Doch die Anhänger Humes bleiben unnachgiebig bei ihrer Behauptung: »Die Vernunft ist und sollte nichts anderes sein als die Sklavin der Leidenschaften, und niemals kann sie ein anderes Amt beanspruchen, als den Leidenschaften zu dienen und zu gehorchen« (ebd.). Zu diesem Amt gehört auch die Überprüfung aller Informationen, die den Leidenschaften vorgelegt werden, so daß derjenige, der rational handelt, *rationale* Überzeugungen vertreten wird. Ebenfalls dazu gehört die Überprüfung der Leidenschaften in puncto innere Widerspruchsfreiheit, weshalb der rational Handelnde keine im Widerstreit stehenden Wünsche haben wird oder, falls er doch welche hat, dies nicht zulassen wird, ohne kohärente Prioritäten zwischen ihnen aufzustellen. Kurz, die Vernunft ist eine gescheite Sklavin der Leidenschaften, und die Überzeugungen und Wünsche des rational Handelnden sind gekennzeichnet durch die häufig so genannte »Konsistenz der Überlegungen«. Aber die Sklavin kann nur dienen und gehorchen: Zum Schluß lassen sich die stärksten und besonders tiefsitzenden Wünsche des Handelnden nicht anfechten, und es gibt auch keinen Spielraum für die Behauptung, sie seien irrational. Mit den Leidenschaften verhält es sich letztlich wie mit den Geschmacksvorlieben: De gustibus non est disputandum.

Bis zum Äußersten getrieben werden diese Merkmale im idealtypischen Fall der rationalen Entscheidung. Der ideal rationale Handelnde hat zunächst vollständig geordnete

Präferenzen mit Bezug auf die Konsequenzen der ihm möglichen Handlungen. Mit Bezug auf alle beliebigen von ihm bewirkbaren Konsequenzen K_1 und K_2 ist ihm entweder K_1 lieber als K_2, oder er bevorzugt K_2 gegenüber K_1, oder er stuft sie gleich ein, doch ohne Rangordnung können sie nicht bleiben. Dies ist ein formales Verfahren, um die überaus weitgehende Voraussetzung aufzustellen, daß der rational Handelnde keine inkommensurablen Alternativen kennt. Die Rationalität verlangt eine gemeinsame Währung, in der sich die Befriedigung des einen Wunsches gegen die des anderen austauschen läßt. Faustus weiß, auf wieviel Macht er verzichten würde, um ein wenig mehr Ehre zu erlangen, und sobald er in seinen Überlegungen konsistent ist, weiß er auch, wann er die optimale Mischung erreicht hat. Der Name der gemeinsamen Währung ist »Nutzen«, obwohl man sich hier durchaus fragen mag, ob »Nutzen« das gleiche bedeutet wie die »Lust« in Benthams Glückskalkül, das gleiche wie das »Glück« in den Schriften von J. S. Mill, das gleiche wie das »Gute« des idealen Utilitaristen oder das gleiche wie die taktvoll neutrale »Befriedigung« des modernen Wirtschaftstheoretikers.

Zweitens verfügt der ideal rational Handelnde über vollkommene Informationen in bezug auf alle relevanten Umstände, und sofern dies nicht auch für die tatsächlichen Konsequenzen gilt, so doch für ihre jeweilige Wahrscheinlichkeit. Demnach braucht der rational Handelnde beim Kauf eines Lotterieloses zwar nicht zu wissen, ob er ein Gewinnlos gezogen hat, doch er muß wissen, wie viele Lose verkauft werden und welchen Wert die Preise haben. Auch dies ist eine überaus weitgehende Voraussetzung, denn sie beinhaltet die Angleichung der Unsicherheit ans Risiko. Der Begriff des Risikos ist in seinem Wesen ein mathematischer Begriff, der mit dem Zufallskalkül zusammenhängt und – obwohl keine kardinalen Wahrscheinlichkeitswerte nötig sind, sondern ordinale Werte ausreichen können – etwas ganz anderes ist als Ungewißheit. Faustus z. B. wägt Imponderabilien ab, ohne Aussicht darauf, die Risiken abschätzen zu können. Seine Aussicht auf Verdammnis ist nicht mit einem bestimmten Risiko behaftet, sondern sie ist ungewiß. Doch die Theorie der rationalen Entscheidung umgeht diese Unterscheidung, indem sie voraussetzt, es gebe hier eine »subjektive Wahrscheinlichkeitsverteilung« mit Bezug auf die möglichen Ergebnisse.

Drittens ist der rational Handelnde ein Maximierer. Stets hat er das Ziel, soviel wie möglich von der gemeinsamen Währung zu bekommen. Dies ist ebenfalls eine sehr weitgehende Voraussetzung. Sie impliziert, daß man, wenn man von einem bestimmten Gut nichts mehr will, es deshalb nicht will, weil es einen davon abhalten würde, mehr von einem anderen Gut zu erhalten. Das Ziel ist nicht eine unendlich große Menge von Erdbeeren mit Sahne. Auch wenn es sich vermeiden ließe, daß man platzt oder sich übergeben muß, ist es doch nötig, Platz für den Champagner zu lassen und über genügend Kraft zu verfügen, um die Flasche zu öffnen. Das Ziel besteht darin, den Nutzen zu maximieren, der durch eine Mischung von Gütern geboten wird. Die Nutzendiagramme der Ökonomen haben in der rechten oberen Ecke ein Feld, das mit dem ansprechenden Namen »Wonnepunkt« bezeichnet wird. Hier, so stelle ich mir vor, liegt der rational Handelnde regungslos auf dem Rücken und stöhnt vor Zufriedenheit. Solange dieser Punkt nicht erreicht ist, konsumiert er unerbittlich immer mehr, sofern er es kriegen kann. Manchmal kommt es vor, daß er nicht auf Maximierung aus ist, sondern auf »Zufriedenmachen«, aber das geschieht nur dann, wenn durch unvollkommene Information Störungen auftreten. Abgesehen davon strebt er stets die marginal bessere Lösung an: etwas größere Vorteile bei gleichbleibenden Kosten oder dieselben Vorteile bei geringeren Kosten. Der rational Handelnde verhält sich wie ein unverbesserlicher Käufer von Sonderangeboten.

Aus diesen Voraussetzungen ergibt sich eine Definition des rationalen Handelns: Wenn man *a* tut, handelt man genau dann rational, wenn es kein *b* gibt, dessen erwarteter Nettonutzen größer ist. Subjektiv sind die Nutzenvorstellungen für den Handelnden insofern, als sie ihn persönlich angehen, doch objektiv sind sie in dem Sinne, daß er weiß, worum es sich handelt und wie wahrscheinlich es ist, daß er den Nutzen wirklich genießt. Die betreffenden Überzeugungen brauchen nicht unbedingt wahr zu sein, denn man kann auch gemäß einer falschen Überzeugung rational handeln, doch die Art und Weise, in der man die Überzeugung vertritt, muß rational sein. Kurz, der definierte Begriff ist der des instrumentell rationalen Handelns oder, um mit Weber zu reden, der Begriff der Zweckrationalität. Dies ist der übliche und primäre Rationalitätsbegriff in den Sozialwissenschaften oder zumindest in den Bereichen der Sozialwissenschaften, die durch mikroökonomische Theorien und durch die Entscheidungstheorie geprägt sind. Ich möchte geltend machen, daß diese Auffassung zutiefst verfehlt ist und daß sie, soweit sie gute Dienste leistet, nur deshalb dazu imstande ist, weil sie manche Elemente einer anderen Konzeption entlehnt, die im Zuge der folgenden Ausführungen zum Vorschein kommen wird. Das Kernproblem ist, wie sich erweisen wird, die Voraussetzung, daß die Mittel von den Zwecken getrennt werden können, bzw. die damit zusammenhängende Vorstellung, es sei möglich, objektive Handlungsgründe in innere Gründe zu übersetzen.

Handelt Faustus rational, wenn er einen Pakt mit Luzifer schließt? Diese Fragestellung läßt sich in mehrere Fragen unterteilen, z.B. ob er rationale Überzeugungen vertritt, ob seine Präferenzen auf konsistenten Überlegungen beruhen und ob er seine Überzeugungen in der richtigen Weise auf die Präferenzen anwendet. Beginnen wir mit den Überzeugungen! Diese brauchen, wie wir eben festgestellt haben, nicht wahr zu sein, und daher ist die Antwort nicht davon abhängig, ob es für diejenigen, die beim Teufelspakt den kürzeren ziehen, wirklich eine Hölle gibt. Fragen müssen wir uns dagegen, ob es rational ist, diese Möglichkeit als »Bagatellen und bloße Altweibermärchen« abzutun, wenn das verbotene Wissen zu der betreffenden Zeit von der Kirche unter die Strafe der ewigen Verdammnis gestellt ist. Irrational ist die Auffassung allerdings nicht allein deshalb, weil sie gegen den zeitgenössischen Konsensus verstößt. Aber sie ist auch nicht schon deshalb rational, weil sich Faustus zu der Behauptung imstande sieht: »Ich glaub, die Hölle ist ein Märchen.« Welche Ansprüche soll ein Test also stellen, wenn man nicht verlangen will, eine rationale Überzeugung liege nur dann vor, wenn der Handelnde weiß, daß sie wahr ist?

Dies ist eine notorisch schwierige philosophische Frage, die ich nicht deshalb ins Spiel bringe, weil ich sie beantworten will, sondern weil ich die Angleichung von Ungewißheit und Risiko beanstanden möchte. Es gibt einfach kein berechenbares Verfahren, um zu einer epistemischen Wahrscheinlichkeit zu gelangen bezüglich der Chancen, daß man nach vierundzwanzig Jahren in der Hölle landen wird. Daher leistet es gar nichts, wenn man Faustus eine subjektive Wahrscheinlichkeitsverteilung unterstellt. Hätte er darauf wetten sollen, daß die Hölle nur ein Märchen ist, oder hätte er Pascals Wette vorwegnehmen und sich nicht auf die Zauberei einlassen sollen? Gründe lassen sich für die eine wie für die andere Entscheidung nennen, doch als subjektive Risikobewertungen lassen sie sich vernünftigerweise nicht formulieren.

Der springende Punkt ist allegorischer Art. Unmittelbar hängt er z. B. mit dem Fall zusammen, in dem eine Regierung mit den *Ungewißheiten* der Kernkraft zurechtzukommen versucht, indem sie Experten dazu auffordert, die *Risiken* einer Katastrophe vom Typ Tschernobyl abzuschätzen. Dies ist jedoch ein recht seltener Fall und impliziert z. B. nicht, daß man nicht berechnen kann, ob es sich lohnt, das eigene Haus gegen Feuer oder Blitz zu versichern. Es gibt allerdings noch weit hausbackenere Quellen der Unsicherheit als diese. Eine von ihnen ist die Unbestimmtheit des Wünschens, eine weitere ist das Verhalten der anderen.

Faustus kann gar nicht wissen, in welchem Maße er die Konsequenzen will, und zwar sowohl deshalb, weil er noch nichts hinreichend Ähnliches erlebt hat, als auch deshalb, weil die Konsequenzen ihn selbst verändern werden. Denken wir an ein weniger ausgefallenes Beispiel: Ich bin außerstande, die Vorteile zu berechnen, die mir eine Auswanderung nach Australien einbringen könnte. Ich habe nur eine ganz verwaschene Vorstellung davon, wieviel Nutzen ich daraus ziehen werde, Känguruhs in freier Wildbahn zu erleben, in der Bondai-Bucht zu surfen oder, allgemein gesprochen, in der australischen Lebensform aufzugehen. Ich habe keine Ahnung, inwieweit Australien meine Präferenzen ändern würde sowie die Nutzenvorstellungen, die mit ihrer Erfüllung einhergehen. Meine Überlegungen würden sich, ebenso wie im Falle des Doktor Faustus, nicht nur auf den Zugang zu einer fremden Welt beziehen, sondern auch auf den Zugang zu einem neuen Ich.

Selbst wenn wir um der Argumentation willen einräumen, daß Nutzengrade genau genug zugeordnet werden können, um eine Berechnung zuzulassen, gibt es immer noch ein Problem, das durch Veränderungen in einer Präferenzenmenge aufgeworfen wird. Es gibt Wünsche, die ich heute noch nicht habe, doch von denen ich vorhersehe, daß ich sie morgen haben werde. So kümmere ich mich z. B. jetzt, da die Feier im Gang ist, nicht um meinen morgigen Kater, doch ich weiß, daß ich es morgen bereuen werde, mir einen Kater angetrunken zu haben. Jetzt mache ich mir gar nichts aus der Gartenarbeit, doch ich weiß, daß ich mir im Alter wünschen werde, ich hätte mich beizeiten damit beschäftigt. Zur Zeit schaudert meine britische Seele vor der australischen Lebensweise zurück, doch ich weiß, daß mir das Land Australien im Falle der Auswanderung viel Freude bereiten würde. Der bloße Zeitverlauf, der Übergang von der Kindheit zum Alter sowie die Möglichkeiten eines neuen Lebens (bzw. sozusagen eines neuen Ichs) werfen ein Problem auf mit Bezug auf den Standort, von dem aus die rationale Entscheidung zu beurteilen ist. Das gleiche gilt in noch krasserer Form für die Wandlungen der Ziele und der Zusammensetzung, denen sich eine Organisation oder eine ganze Gesellschaft gegenübersieht, wenn man den Versuch macht, derartige Körperschaften als rational handelnde Einheiten zu begreifen.

Die Schwierigkeit liegt darin, daß, sofern Hume recht hat, nur der Wunsch ein Motiv sein kann und daher vermutlich nur ein gegenwärtiger Wunsch, den der Handelnde selbst hegt. Künftige Wünsche, hypothetische Wünsche und die Wünsche anderer können mich nur insoweit beeinflussen, als sie in meine gegenwärtigen Präferenzen einfließen. Hume für sein Teil behauptet, daß wir alle konstante Dispositionen haben, denen die gleichen handlungsbestimmenden Leidenschaften zugrunde liegen, und daß diese Dispositionen es ermöglichen, einen einheitlichen Standpunkt einzunehmen:

Ehrgeiz, Habsucht, Eigennutz, Eitelkeit, Freundschaft, Großzügigkeit, Gemeinsinn – diese Leidenschaften sind, in unterschiedlichem Grade vermischt und über die ganze Gesellschaft verteilt seit Anfang der Welt bis heute die Quelle aller Handlungen und Unternehmungen [...] Die Menschheit bleibt sich zu allen Zeiten und an allen Orten so weitgehend gleich, daß die Geschichte uns in dieser Hinsicht nichts Neues oder Seltsames mitzuteilen vermag.[2]

Aber selbst wenn das zutrifft, bleibt das Mischungsverhältnis beim einzelnen nicht das ganze Leben lang konstant, und es wird auch kein Hinweis darauf gegeben, wie wir mit dem Umstand zurechtkommen sollen, daß wir allem Anschein nach häufig *wählen* können, durch welche Mischung von Leidenschaften wir uns anregen lassen wollen.

2 Hume, *An Enquiry Concerning Human Understanding*, viii.i.65.

Besonders klar wird dieser Sachverhalt vielleicht, wenn man an moralische Grundsätze denkt, wie z. B. die Ehrlichkeit. In Humes Moralphilosophie – im Gegensatz zur Philosophie Kants – werden Grundsätze als Dispositionen oder Neigungen gedeutet. Die Ehrlichkeit ist demnach kein Imperativ wie »Sprich die Wahrheit!«, sondern eine Neigung, ehrlich zu sein. Andernfalls könnte sie für den Willen kein Motiv sein. Die Ökonomen folgen Hume und sprechen von solchen Grundsätzen als »ethischen Präferenzen«. Aber gibt es wirklich eine gemeinsame Währung (»Nutzen«), in der ich einen quantitativen Vergleich anstellen kann zwischen meiner ethischen Präferenz, meinen einsamen alten Onkel zu besuchen, und meiner nichtethischen Präferenz, ins Kino zu gehen? Und falls es tatsächlich eine solche gemeinsame Währung geben sollte, fragt es sich, ob meine rationale Entscheidung wirklich davon abhängt, welche Präferenz sozusagen stärker und schwerer ist. Da diese Fragen die gesamte Moralphilosophie einbeziehen, können sie nicht im Handumdrehen beantwortet werden. Klar ist jedoch, daß sie weitere Überlegungen erforderlich machen über das Problem, inwieweit sich die Theorie der instrumentellen Rationalität darauf verlassen kann, daß der Wunsch etwas Gegebenes ist.

Dies ist zweifellos der Grund, weshalb in letzter Zeit Versuche gemacht worden sind, die innere Funktionsweise des instrumentell rational Handelnden komplizierter darzustellen. So kann man z. B. einen Unterschied machen zwischen unmittelbaren und dispositionalen Wünschen, um es auf diese Weise als rational hinstellen zu können, wenn man auf kurzfristige Annehmlichkeiten verzichtet, um auf die Dauer etwas Solideres zu erhalten. Ferner kann man einen Unterschied machen zwischen Wünschen erster Stufe und Wünschen zweiter Stufe, so daß ein schuldgeplagter Homosexueller dem Wunsch entsprechend handeln kann, seine homosexuellen Wünsche abzuschütteln. Aber alle derartigen Verfahren beinhalten die Bevorzugung einer

Untermenge der gegenwärtigen Wünsche (denn sonst wird das dem Willen zugängliche Motiv zunichte gemacht), und ich kann einfach nicht sehen, wie sich dieser Standpunkt im Rahmen eines Humeschen Ansatzes rechtfertigen läßt. So stellt sich etwa die Frage, ob der Homosexuelle versuchen sollte, seine sexuelle Orientierung zu ändern, oder ob er sich bemühen sollte, die Schuldgefühle zweiter Ordnung loszuwerden. Hier muß ein Begriff des rationalen Urteils ins Spiel kommen, so daß die Vernunft auf diese Weise mehr darstellt als bloß die Sklavin der Leidenschaften. Die Vorstellung der instrumentellen Rationalität legt ein Vorurteil zugunsten der unmittelbaren Befriedigung nahe, das zu absurden Resultaten führt, sofern es nicht in einer Art und Weise korrigiert wird, die sich mit dieser Vorstellung nicht vereinbaren läßt, solange diese der These verpflichtet bleibt, alles Handeln sei rational, das den erwarteten Nutzen des Handelnden maximiert.

Die Schwierigkeiten, die durch das Verhalten anderer handelnder Personen aufgeworfen werden, wiegen sogar noch schwerer. Das soziale Handeln ist, wie Max Weber sagt, ein Handeln, welches »auf das Verhalten *anderer* bezogen wird und daran in seinem Ablauf orientiert ist«. Eine rational handelnde Person braucht rationale Überzeugungen in bezug auf das Verhalten der anderen. Das klingt, als ginge es – wie im Falle einer Veränderung der *natürlichen* Umwelt – um eine rationale Prognose, und so wird der Sachverhalt von der üblichen Entscheidungstheorie mit ihren Bayesschen Standardverfahren zur Anpassung an den neuesten Informationsstand tatsächlich gedeutet. Eine *soziale* Umwelt wird jedoch von rational handelnden Personen bevölkert, die beeinflußt werden durch ihre Erwartungen im Hinblick auf die Erwartungen anderer bezüglich der Erwartungen wieder anderer in bezug auf ... Denken wir etwa an einen rationalen jungen Philosophen, der zu entscheiden versucht, auf welchem Gebiet der Philosophie er sich besonders anstrengen sollte. Zum Teil hängt das natürlich davon ab, was seiner Begabung und seinen Interessen entspricht. Es hängt aber auch davon ab, welche Gebiete in ein paar Jahren noch umstritten und wichtig sein werden, und das wiederum wird davon abhängen, wofür er und seinesgleichen sich entscheiden. Er muß wissen, wofür sich die anderen rational entscheiden werden, doch sie werden ebenfalls wissen müssen, welche rationalen Überzeugungen die übrigen (einschließlich unseres Philosophen) in bezug auf die anderen vertreten. Man kann es zwar so auffassen, als versuche jeder von ihnen, eine Prognose zu stellen, doch die Summe der Prognosen ist eine kollektive *Entscheidung*, zu der jeder einzelne von ihnen seinen Beitrag geleistet hat.

Das bedeutet zumindest, daß die Theorie der rationalen Entscheidung nicht rein individuenbezogen aufgestellt werden kann, sondern die Spieltheorie mit umfassen muß. Formal gesprochen ist ein Spiel nichts anderes als eine Summe von Handlungen separater Spieler, wobei der Nutzen jeder einzelnen Handlung davon abhängt, welche sonstigen Handlungen gewählt werden. Wenn ich etwa dich treffen will und weiß, daß du entweder in Paris oder in Bayreuth sein wirst, dann wird mein Ertrag der Entscheidung für Bayreuth davon abhängen, ob du nach Paris gefahren bist. Willst du deinerseits auch mich treffen, spielen wir ein Koordinierungsspiel. Rationale Entscheidungen sind miteinander verzahnt. Ich muß wissen, wofür du dich rational entscheiden wirst, ehe ich selbst eine rationale Entscheidung treffen kann; du mußt das gleiche über mich wissen, ehe du rational entscheiden kannst. Prognose und Entscheidung sind in philosophisch faszinierender Weise miteinander verflochten.

Unser einfaches Koordinierungsspiel hat zwei Lösungen (beide fahren nach Paris, oder beide fahren nach Bayreuth) bzw. es gibt, um die Terminologie der Spieltheoretiker zu verwenden, multiple Gleichgewichtszustände. Keiner von diesen ist besser als der andere, und ich sehe keinen Grund zur Annahme, es sei vorhersagbar, welcher von ihnen herauskommt, falls wir das Spiel oft spielen. Ein bestimmtes und prognostizierbares Resultat gäbe es, wenn einer von uns beiden Grund zur Erwartung eines bestimmten Ergebnisses hätte, doch solange es keine vorherigen Abmachungen gibt, kennen wir keinen Grund. Dadurch werden die Spiele des sozialen Lebens völlig verschieden von den Vorgängen in der natürlichen Welt. In der Naturwissenschaft hängen die rationalen Erwartungen der Wissenschaftler davon ab, wie sich die Natur verhält; und die Natur ist (normalerweise) unabhängig von den Erwartungen der Wissenschaftler. Die Paßrichtung ist derart, daß sich die rationale Überzeugung nach den in Veränderung begriffenen unabhängigen Belegen richtet. In bezug auf das soziale Leben ist die Paßrichtung (oft) umgekehrt: Das, was geschieht, wird bestimmt durch das, was man erwartet.

Diese These ist umstritten. In der Ökonomie z. B. wird sie von den Keynes-Anhängern und von den Vertretern der Österreichischen Schule akzeptiert, während sie von den neoklassischen Ökonomen wie von den Marxisten bestritten wird. Was wird geschehen, wenn die Regierung Geld in eine träge Volkswirtschaft pumpt? Die Keynesianer erwidern, das hänge davon ab, welche Erwartungen Arbeitgeber und Arbeitnehmer hegen. Wenn sie mit Wachstum rechnen, werden sie dementsprechend handeln und so dazu beitragen, das Wachstum wirklich herbeizuführen. Wenn sie eine Inflation erwarten, werden sie statt dessen die Preise erhöhen und so dazu beitragen, daß es wirklich zur Inflation kommt. Keine dieser beiden Reaktionen ist, unabhängig gesehen, rationaler als die andere. Die Monetaristen dagegen erwidern, daß es in bezug auf einen gegebenen Ressourcenvorrat natürliche Nutzungsraten gibt und daß rational Handelnde das künftige Geschehen vorhersagen können, wenn sie sehen, wieviel Geld in die Wirtschaft gepumpt wird. Inflation stellt sich dann und nur dann ein, wenn die zusätzliche Nachfrage größer ist als der zusätzliche Output, der von rationalen Firmen geliefert wird. Wie diese umfassende Streitfrage zu lösen ist, werde ich hier nicht anzugeben versuchen. Ihre Existenz zeigt jedoch, daß eine Menge auf dem Spiel steht, und es wird hoffentlich klar sein, warum die Antwort der einen Seite die Notwendigkeit nach sich zieht, die Paßrichtung der Naturwissenschaft umzukehren.

Dies ist jedenfalls eine Möglichkeit, einige der sozialen Normen aufzufassen. Zum Vorschein kommen sie als Konventionen, die eine Ungewißheit beseitigen, die durch multiple Gleichgewichtszustände verursacht worden ist. So ist es z. B. einleuchtend, den Straßenverkehrsregeln eine solche Beschaffenheit zuzuschreiben. Haben sie sich erst einmal herausgebildet, bleiben sie stabil, denn rational handelnde Personen haben keinen Grund, gegen sie zu verstoßen, und so wird daraus eine schlichte Frage der Stellung von Prognosen. Das Stadium, in dem sie sich herausbilden, ist jedoch eines der kollektiven Entscheidung von seiten einzelner Personen. Überzeugungen werden dadurch wahr, daß man ihnen entsprechend handelt.

Nicht alle Spiele sind Koordinierungsspiele. Im Spiel der Fischerei in internationalen Gewässern etwa können alle Spieler erkennen, daß ein unbeschränktes Gerangel eine Katastrophe für alle bedeutet, weil dann der Vorrat an Fischen für morgen heute schon ausgebeutet wird. Daher dürfte es natürlich erscheinen, wenn sich eine Konvention herausbildet, die dem wechselseitigen Vorteil aller Fischer dient. Aber selbst wenn tatsächlich eine Abmachung getroffen wird, kann diese durch Trittbrettfahrer unterlaufen werden. Jeder Fischer will, daß sich die anderen an die Übereinkunft halten, aber noch besser wäre er daran, wenn er selbst dagegen verstieße, ohne erwischt zu werden. Und ebenfalls gilt, daß er, wenn sich die anderen nicht nach der Norm richten, günstiger dastünde, wenn er auch dagegen verstieße. Also hat jeder einen dominierenden Grund, sich nicht an die Übereinkunft zu halten, egal, wie sich die anderen verhalten. Dies ist das berüchtigte Trittbrettfahrer-Problem für das Gefangenendilemma-Spiel in seiner verallgemeinerten Form, und eine Theorie der rationalen Entscheidung, die auf dem Begriff der Zweckrationalität basiert, wird durch dieses Problem vor erhebliche Schwierigkeiten gestellt.

Hobbes nennt im *Leviathan* eine Lösung, und sie besteht darin, daß manche Normen – darunter die im ursprünglichen Gesellschaftsvertrag aufgestellten – mit Gewalt durchgesetzt werden müssen. »Abkommen ohne das Schwert sind nichts als vergeudeter Atem«, meint er, wenn er dem Herrscher ein Schwert zugesteht, durch das er alle Bürger in Schach halten soll. Wenn man so wenig von der menschlichen Natur hält wie Hobbes, mag die Auffassung zutreffen, daß der Herrscher durch Einschüchterung regieren müsse. Aber es ist keineswegs offensichtlich, daß das soziale Leben – und erst recht das von Hobbes angestrebte »uneingeschränkte« Leben – durch Einschüchterung in Gang gehalten werden kann. Gewiß werden wir alle besser daran sein, wenn die gesellschaftlichen Bande durch Vertrauen zustande kommen. Also stellt sich die Frage, unter welchen Bedingungen instrumentell rational Handelnde mit einem potentiellen Trittbrettfahrer-Problem dieses lösen werden, indem sie Vertrauen zueinander fassen.

Humes Antwort lautet, die Gerechtigkeit (also die Gewähr, daß sich jeder Handelnde nach fairen Regeln richtet, selbst wenn er von Regelverstößen profitieren würde) sei zwar eine künstliche Tugend, doch von unseren Anlagen her seien wir mit genügend natürlicher Sympathie füreinander ausgestattet, um Vertrauen zu bilden und uns daher nach den Regeln eines gerechten Systems zu richten. Nach dieser Antwort ist es instrumentell rational, daß wir uns kooperativ verhalten, indem wir unsere natürlichen Wünsche (oder dispositionsbedingten Präferenzen) so anpassen, daß wir das Wohl der anderen in ausreichendem Maße wünschen, um immerhin anfangen zu können. Kant dagegen nennt moralische Handlungsgründe, die zum Bereich der Überzeugungen gehören und unabhängig von den Wünschen wirken. Der Rechtsstaat ist demnach durch eine Menge von Normen gegeben, nach denen sich der völlig rational Handelnde richten wird, gleichgültig, welches Verhalten aufgrund seiner Wünsche instrumentell rational wäre. Da die Vernunft nun nicht mehr die Sklavin der Leidenschaften ist, ist das Trittbrettfahrer-Problem gelöst, und sogar den Leidenschaften ist auf diese Weise besser gedient.

Nun kommt allmählich eine konkurrierende Analyse der Rationalität – bzw. der Handlungsgründe und ihrer Motivierungsweise – zum Vorschein. Zunächst haben wir die Frage gestellt, ob sich Doktor Faustus instrumentell rational verhält, wenn er einen Pakt mit Luzifer schließt. Was zunächst wie ein extravagantes und untypisches Beispiel wirkte, erweist sich nun als aufschlußreich im Hinblick auf die Schwierigkeiten der bekannten Vorstellung, die Rationalität habe nichts mit Zwecken zu tun, sondern nur mit Mitteln. Fausts tiefreichende Ungewißheit sowohl hinsichtlich des Nutzens als auch hinsichtlich der Wahrscheinlichkeit, je in seinen Genuß zu kommen, ist nicht darauf zurückzuführen, daß er ein seltsames und seltenes Spiel mit dem Teufel spielt. Luzifer hält sich sogar an die Abmachungen, und Faustus scheint niemals zu bezweifeln, daß sich Luzifer so verhalten wird. (Wie töricht! Wenn es sich um ein Geschäft handelt, bei dem es für den Teufel günstig ist, sich an die Abmachungen zu halten, kann es für einen Sterblichen doch kaum rational sein, sich auf das Geschäft einzulassen!) Die durch die Sage symbolisierte Ungewißheit der Überzeugungen ist nicht derart, daß man sie so ähnlich auffassen kann wie ein Risiko, denn die Wahrscheinlichkeiten sind nicht unabhängig davon, wie die Handelnden sie einschätzen. Die Ungewißheit der Wünsche, die hier dadurch symbolisiert wird, daß Faustus gar nicht weiß, wie er selbst durch seine Erfahrungen verändert würde, kann keiner handelnden Person unbekannt sein, die eine isolierte Entscheidung in den zeitlichen Kontext der menschlichen Beziehungen stellt. Oder um es von der anderen Seite her zu formulieren: Aus dem üblichen Begriff des instrumentell rationalen Handelns ergibt sich ein Idealtypus, dessen Anwendungsbedingungen überaus beschränkt und rigoros sind.

Die Fragestellung bezieht sich nunmehr darauf, wie durchgreifend die zugrundeliegende Bewußtseinstheorie revidiert werden muß. Das allgemeine Problem bleibt auch weiterhin das des Fremdpsychischen, und der vom Verstehensbegriff ausgehende Ansatz bleibt ein Verfahren der rationalen Nachkonstruktion. Schwierigkeiten ergeben sich allerdings vielleicht aus der umfassenden Vorstellung, daß das Handeln aus Wunsch plus Überzeugung hervorgeht, sicherlich aus der Humeschen These, daß die Überzeugung allein nicht als Motiv wirken kann. Während Hume eine kausale Analyse der Motivation anstrebt, mag es sein, daß die rationale Nachkonstruktion etwas Nichtkausales verlangt. Diesen Gedanken wollen wir zunächst im Geiste Kants erkunden und anschließend im Geiste Wittgensteins.

Das Standardmodell des rationalen Handelns funktioniert dort am besten, wo die Wünsche den Geschmacksvorlieben gleichen: Ich trinke lieber Tee als Kaffee, und dies ist der Grund, weshalb ich mich für Tee entscheide, ohne daß ich Rechenschaft ablegen müßte über diese Geschmacksvorliebe. De gustibus non est disputandum. Die meisten Motive weisen jedoch eine weit komplexere Anatomie auf, wobei der Wunsch ein kognitives Element enthält, welches bestimmt, um was für einen Wunsch es sich überhaupt handelt. Der von Faustus geäußerte Wunsch nach Macht und Ehre z. B. ist keine »Geschmackssache« (oder ein »Affekt«, wie Weber es nennt, wenn er die Gruppe der »affektuellen« Handlungen von den übrigen unterscheidet). Wünsche nach Macht und Ehre beinhalten wesentlich

Überzeugungen, wie es in ähnlicher Weise für Gemütszustände gilt, sobald man diese von den bloßen Gefühlen unterscheidet. Das gleiche trifft auch auf Humes Liste der universellen Leidenschaften zu: Ehrgeiz, Habsucht, Eigennutz, Eitelkeit, Freundschaft, Großzügigkeit und Gemeinsinn. Sie alle sind Triebkräfte mit hohem kognitivem Inhalt, und zwar nicht nur deshalb, weil diese Leidenschaften darauf angewiesen sind, daß sie durch Überzeugungen aktiviert werden, sondern weil Überzeugungen unerläßlich dazugehören, wenn man diese Leidenschaften überhaupt hat. Der Wunsch nach Ehre beinhaltet die entsprechenden Überzeugungen hinsichtlich eines Rahmens moralischer plus sozialer Beziehungen und die eigene Stellung in diesem Rahmen. Eine rationale Nachkonstruktion interessiert sich für die Wirkungsweise dieser Überzeugungen ebenso wie für die Überzeugungen, die speziell mit der instrumentellen Mittelwahl zusammenhängen.

Wenn Überzeugungen unerläßlich zu den Wünschen dazugehören, klingt es zunehmend dogmatisch, wollte man weiterhin darauf pochen, daß Überzeugungen nicht motivieren. Kants Moralphilosophie verlangt, daß der moralisch Handelnde unabhängig von seinen Wünschen durch die Pflicht angetrieben wird. Durch diese Art der Formulierung neigt Kant dazu, die Wünsche in der Humeschen Manier als Empfindungen oder Gefühle zu deuten, während es vielleicht nützlicher wäre zu sagen, daß Kants Analyse der Motivation den Begriff »Wunsch« umfassender deutet, so daß alles darunter fällt, was eine rationale Person zum Handeln bewegen kann. Der springende Punkt ist jedenfalls der, daß eine *kausale* Frage durch eine nach den *Gründen* des Handelns ersetzt wird. Der moralisch Handelnde erkennt einen allgemeingültigen Grund, der dafür spricht, daß jeder, der sich in der gleichen Lage befindet wie er selbst, auf diese oder jene Weise handeln sollte, und wird dadurch, daß er den Grund als solchen erkennt, zum Handeln bewogen. Der gute Samariter erkennt, daß er die

Pflicht hat, dem am Straßenrand liegenden Opfer zu helfen, und wird so zur Hilfeleistung veranlaßt. Moralische Beispiele exemplifizieren den Sachverhalt, doch dieser gilt allgemein für die Art und Weise, in der Gründe motivieren. Ein moralisch Handelnder, der erkennt, daß ein objektiv guter (moralischer oder sonstiger) Grund zum Handeln vorliegt, macht sich diesen Grund ebendadurch zu eigen.

Für die rationale Nachkonstruktion bedeutet dies, daß wir keine kausale Analyse der motivierenden Wirkungsweise rationaler Überzeugungen brauchen. Die antike sokratische Vorstellung, daß niemand minderwertige Entscheidungen trifft, fordert uns dazu auf, das Handeln unter der Voraussetzung zu rekonstruieren, daß sich jeder beim Handeln nach den besten Gründen richtet, die er als solche erkennt. Bei dieser Analyse wird der Webersche idealtypische Fall in einer Sprache präsentiert, die sich auf objektive äußere Gründe bezieht, die für jeden Handelnden in der entsprechenden Situation gelten, und bei der Anwendung wird gefragt, wie gut der Betreffende diese Gründe begriffen hat.

Nun will ich durchaus nicht so tun, als verschwände damit das Problem des Fremdseelischen. Das unzweifelhafte Vorkommen von *akrasia* oder Willensschwäche stellt die sokratische Vorstellung vor schwierige Probleme. Ferner fragt es sich selbst dann, wenn der Handelnde dem Idealtypus entspricht, ob er sich bei seiner Handlung tatsächlich nach dem betreffenden Grund gerichtet hat – daß der Hut paßt, beweist noch nicht, daß der Handelnde ihn wirklich trägt. Außerdem kann es rätselhaft sein, wie sich die tatsächlichen Überzeugungen einer Person erschließen lassen, die in ihrem Handeln hinter dem Rationalitätsideal zurückbleibt. Aber obwohl sich diese Probleme nicht wegleugnen lassen, bin ich immer noch bereit, die in einem früheren Buch aufgestellte These zu verteidigen, wonach »das rationale Handeln seine eigene Erklärung ist«.[3]

3 Martin Hollis, *Models of Man*, Cambridge University Press 1977, S. 21, 130, 135.

In der Humeschen Analyse erscheint das Handeln als äußeres Verhalten, das durch einen inneren psychischen Zustand bewirkt wird. Wie weit das durch Kantische Überlegungen nahegelegte Korrektiv geht, ist nicht klar. Die Vernunft kann zwar dem Willen ein Motiv liefern, doch es fragt sich, ob nicht immer noch ein krasser Unterschied bleibt zwischen dem Inneren und dem Äußeren, zwischen einer (überzeugungsgeleiteten) psychischen Ursache und einer physischen Wirkung. Hier kommt man vermutlich am ehesten zu einer Entscheidung, wenn man einen Wittgensteinschen Gedankengang ins Spiel bringt. Sofern Handeln stets beinhaltet, daß man einer Regel folgt, und sofern rationales Handeln beinhaltet, daß man der Regel richtig folgt, dann verschwindet der alte Gegensatz zwischen Innerem und Äußerem mehr oder weniger. Wenn man ein Blinzeln als Zuzwinkern beschreibt, gibt man damit keine innere Ursache an, sondern man kennzeichnet es als Handlung, indem man es in einen Kontext aus Regeln und Bedeutungen einfügt. Die alte Geschichte der inneren und privaten Erlebnisse, der Empfindungen und der Sinnesdaten liefert nicht mehr den Inhalt oder die Erklärung des Handelns. Selbst das intime Gefühl des Schmerzes gibt nicht mehr den Sinn oder die Ursache des Stöhnens und Sichwindens ab, die seine physischen Wirkungen darstellen; und wenn ich weiß, daß der andere Schmerzen hat, ziehe ich keinen prekären Schluß mehr vom offenkundigen Verhalten auf eine verborgene Empfindung. Wenn man rational handelt, so heißt das, daß man in dem Wissen, »wie es weitergeht«, angemessen handelt; wenn man das rationale Handeln versteht, so heißt das, daß man die Regel, der der Handelnde wissentlich folgt, wiedergibt.

Auf die Theorie der rationalen Entscheidung wirkt sich dieser Stil der Analyse merklich aus. Insbesondere sollten wir uns neue Gedanken machen über den Begriff »Nutzen«, also über den Schlüsselbegriff des traditionellen Versuchs, Humesche Ideen in eine Sozialwissenschaft zu verwandeln. Zu Anfang dient der Begriff des Nutzens als Maßstab für Lust und Schmerz (jene Zwillingsherrscher, die die Natur laut Bentham über uns eingesetzt hat) und wird in diesem Sinne von dem Ökonomen Irving Fisher als »Strom innerer Befriedigung« definiert. Dadurch wird er zu einem psychologischen Begriff, der sich auf einen subjektiven Zustand bezieht, über den in letzter Instanz der je einzelne befindet und im Hinblick auf den die damit zusammenhängende Devise gilt, der Kunde sei König. Ferner ist er der Schlüsselbegriff im Rahmen einer allgemeinen Aufforderung zum konsequenzenbezogenen Denken, das von der orthodoxen Ökonomie und zumal von der Wohlfahrtstheorie akzeptiert wird und wodurch das Hauptproblem der Ethik wie folgt dargestellt wird: Wie ist es möglich, das rationale Individuum zu überreden, das eigennützige Vorurteil preiszugeben und eine umfassendere Summe zu maximieren, wie etwa das größte Glück der größten Zahl? Zugegeben, in letzter Zeit haben die Ökonomen und Entscheidungstheoretiker diese psychologische Anatomie des Eigennutzens fallengelassen und durch mathematische Sätze über den Maximierungscharakter der Nutzenberechnungen des rational Handelnden ersetzt. Dadurch wird zugelassen, daß der rational Handelnde Präferenzen haben kann, die nicht selbstbezogen sind, ja er darf ganz nach Belieben maximieren, vielleicht sogar den moralischen Wert eines Ergebnisses. Aber gleichgültig, welches Ziel er verfolgt, ausschlaggebend bleibt, daß ihm die Verwirklichung des Ziels subjektive Befriedigung bereiten muß. Das genügt schon, um von Wittgenstein her Einwände zu erheben.

In seiner krassesten Form lautet der Einwand, »Nutzen« sei eine grammatische Fiktion, die so tut, als gäbe es hier einen Ausdruck, der sich auf ein Etwas im Inneren des Handelnden bezieht. Aber weder verfügen wir über ein solches Etwas noch brauchen wir es. Die Aussage, eine

Entscheidung sei rational, läuft darauf hinaus, daß sie in ihrem Kontext angemessen ist, und dieser Kontext ist einer der sozialen Ziele und Praktiken. Außerhalb eines solchen Rahmens gibt es keine privaten Nutzenvorstellungen, und innerhalb des Rahmens werden sie nicht benötigt. Es ist wirklich Unsinn, wollte man fragen, ob es Faustus gelingt, seinen erwarteten Nutzen zu maximieren. In einem gewissen Sinn ist das auf denselben Grund zurückzuführen, weshalb die Faustussage kein angemessener Test zu sein scheint für die Standardtheorie der rationalen Entscheidung: Die Zauberei und ihre Konsequenzen führen uns zu weit in unbekannte Gefilde. Doch die unbekannten Gefilde Wittgensteins sind nicht das gleiche wie eine Welt der Teufel, sondern sie bilden eine Welt, in der die Regeln der sozialen »Grammatik« erst noch aufgestellt werden müssen. Ich werde anschließend geltend machen, daß dieser Gedankengang im großen und ganzen zwei ansehnliche Vorteile mit sich bringt und trotzdem einen großen Haken hat.

Der erste Vorteil besteht darin, daß diese Auffassung die Vorstellung deutlich zu machen vermag, daß Erwartungen in der sozialen Welt ein schöpferisches Element ausmachen. Sofern die soziale Struktur eine konstruierte öffentliche Grammatik des Handelns ist, fügen sich die Erwartungen nicht nur je einzeln harmonisch in die Grammatik ein, sondern sie verbinden sich auch, um sie deutlicher zu bestimmen und zu erweitern. Dies ist eine erhellende Verdeutlichung des vorhin geäußerten Vorschlags, daß Naturtatsachen uns als einzelnen wie als Gesamtheit äußerlich sind, während soziale Tatsachen dem einzelnen äußerlich, für die Gesamtheit dagegen etwas Inneres sind. Ferner ergibt sich daraus ein Hinweis, wie wir uns den Gedanken zu eigen machen können, daß soziale Erwartungen nicht nur prognostischen, sondern auch normativen Charakter haben – ein Thema, auf das ich weiter unten zurückkomme. Kurz, für die Anhänger von Keynes und der Österreichischen Schule könnte es durchaus nützlich sein, wenn sie Wittgensteins Spätphilosophie läsen.

Zweitens läßt sich nun manches Aufschlußreiche sagen über den seltsam zeitlosen Aspekt der rationalen Entscheidungsmodelle. Daß das Wasser in New York nicht beim selben Wärmegrad kocht wie in Mexico City, wird in einer Erklärungstheorie, die vom Begriff des »covering law« – des umfassenden Gesetzes – ausgeht und von der positivistischen Physikauffassung beeinflußt ist, durch ein zeitloses und allgemeingültiges Gesetz erklärt, in dem die Temperatur auf die Höhe über dem Meeresspiegel bezogen wird. Ähnlich verhält es sich im Grunde mit Hume, wenn er behauptet, daß »Ehrgeiz, Habsucht, Eigennutz, Eitelkeit, Freundschaft, Großzügigkeit, Gemeinsinn [...] seit Anfang der Welt bis heute die Quelle aller Handlungen und Unternehmungen« sind und dennoch hinzufügt, daß die Mischung von Ort zu Ort und von Zeit zu Zeit wechselt. Mit Wittgenstein könnte man darauf erwidern, daß es sich hierbei offenbar um sozialisierte Leidenschaften handelt, bei denen es weder eine in der menschlichen Natur angelegte innere Quelle gibt noch eine solche zu geben braucht, und daß, sofern die sozialen Institutionen in New York andere sind als in Mexico City, ebendeshalb auch die als akzeptabel oder wichtig geltenden Leidenschaften variieren werden. Und falls es richtig ist, daß sich »die Menschheit zu allen Zeiten und an allen Orten so weitgehend gleich bleibt, daß die Geschichte uns in dieser Hinsicht nichts Neues oder Seltsames mitzuteilen vermag«, so liegt das umgekehrt nur daran, daß die Institutionen in mancher Hinsicht invariant sind.

Es passiert jedoch sehr leicht, daß man diesen Gedankengang zu weit treibt. Wenn man beanstandet, Humes Liste der universellen Leidenschaften sei ein unausgeglichener Kompromiß zwischen den analytischen Ansprüchen eines zeitlosen Begriffs rationalen Handelns und der Behauptung, »das Verhalten der Menschen untereinander, in ihren

Geschäften und bei ihren Vergnügungen«[4] empirisch beobachtet zu haben, so ist das etwas ganz anderes, als wollte man die Lücke zwischen dem Zeitlosen und dem Kontingenten durch »Lebensformen« ausfüllen. Damit werden sogleich vertraute Probleme bezüglich Determinismus und Relativismus aufgeworfen. Eine eingehendere Erörterung dieser Probleme möchte ich zwar auf später verschieben, doch ich kann immerhin schon jetzt zeigen, wie es zu ihnen kommt.

Kehren wir zurück zu Doktor Faustus und dem Pakt, den er in Wittenberg mit Luzifer schließt. Die Sage selbst und Marlowes Verwendung des Sagenstoffs (den er einer 1587 in Frankfurt veröffentlichten angeblichen Biographie Fausts entlehnt) setzen einen sozialen Kontext aus Zauberei und verbotenen Wissenschaften voraus. Und dieser Kontext durchdringt die Geschichte selbst zutiefst. Dazu gehört eine von Seelen bevölkerte und von Geistern heimgesuchte soziale Welt: eine Welt, in der das Selbstverständnis der Menschen völlig verschieden ist von dem unseren. Die Vergangenheit ist, wie es in einem treffenden Ausspruch heißt, ein fremdes Land, und das Land der Sagen ist fremd genug, um Zweifel aufkommen zu lassen an zeitlosen Handlungsmodellen oder Verzeichnissen universeller Leidenschaften. Dementsprechend hat Fausts Wunsch nach »Gewinn und Freuden, Herrschaft, Ehre und Allmacht« seine historische Spezifizität. Es handelt sich dabei nicht um die vormoderne Form eines universellen Wunsches, der sich heutzutage dadurch erfüllen läßt, daß man zum Firmenchef aufsteigt und ein Schloß in Bayern besitzt mitsamt einer schicken Helena und einem livrierten Chauffeur für die Luxuslimousine. Die Identität des Wunsches wird durch den Kontext bestimmt.

Die Gefahr des Determinismus droht, sobald der Kontext – bzw. die »Lebensform« – so aufgefaßt wird, daß sie nicht

4 David Hume, *A Treatise of Human Nature*, Introduction.

bloß die Identität des Wunsches bestimmt, sondern die Dringlichkeit des Wunsches selbst und sogar die Identität des Handelnden. Faustus ist, wie es scheint, nichts weiter als die Kreatur seines Kontexts. Die Anhänger Wittgensteins werden hier erwidern, daß der Determinismus dort keine Bedrohung darstellt, wo die Verbindungen zwischen Kontext und Handlung nicht kausaler Art sind. Aber diese Erwiderung ist darauf angewiesen, daß man eine Grenzlinie zu ziehen vermag zwischen dem, was eine Handlung in dem Sinne verständlich macht, daß ihre Möglichkeit aufgezeigt wird, und dem, was sie in dem Sinne verständlich macht, daß uns begreiflich wird, warum der Betreffende sie vollzogen hat. Diese Linie läßt sich ziehen, wenn man über einen unabhängigen Begriff der objektiven Rationalität verfügt. Doch wenn die Anhänger Wittgensteins das rationale Handeln als angemessenes regelgeleitetes Handeln interpretieren, so deutet das meines Erachtens darauf hin, daß die Möglichkeit eines solchen unabhängigen Begriffs ausgeschlossen ist. Und wenn dem so ist, bleibt die drohende Gefahr eines regelgeleiteten Determinismus bestehen.

Zumindest in dieser Hinsicht wirkt eine an Kant orientierte Auffassung der Handlungsgründe anziehender. Das Beispiel mit Doktor Faustus habe ich zum Teil gerade deshalb gewählt, weil sein Tun zwar regelgeleitet, aber auffallend unangemessen ist. Wie weiter unten ausgeführt wird, spricht daher eine ganze Menge für das Verfahren, die Handlung dadurch mit ihrem Kontext in Zusammenhang zu bringen, daß man das kognitive Element in den Wünschen Fausts herausstreicht und ihn im Grunde als jemanden darstellt, der durch seine Überzeugungen angetrieben wird. Diese Auffassung macht außerdem den Weg frei für eine Erörterung des Relativismus, der droht, sobald man behaupten möchte, daß Lebensformen – einschließlich der Regeln des rationalen Handelns – in sich abgeschlossen und örtlich begrenzt sind. Im Anschluß an Kant kann man die Frage aufwerfen, ob die Gründe eines Akteurs *gute* Gründe (und das heißt: gute *externe* Gründe) sind, während die Anhänger Wittgensteins – ebenso wie die Humes – bis jetzt jedenfalls nur interne Handlungsgründe gelten lassen können.

Fausts eigenes Urteil über seine Entscheidung wird am Schluß des Stückes wiedergegeben: »Für vierundzwanzig Jahre eitles Vergnügen hat Faust die ewige Freude und Glückseligkeit verloren. Ich unterschrieb ihnen das Abkommen mit meinem eigenen Blut; die Zeit ist abgelaufen, jetzt ist es soweit, und er wird kommen, um mich zu holen.« Seine Kollegen sind entsetzt und fragen ihn, warum er ihnen nichts davon gesagt hat, so daß Geistliche für ihn hätten beten können. Darauf erwidert Faustus: »Oft habe ich an diese Möglichkeit gedacht, doch hat der Teufel mir gedroht, er werde mich in Stücke reißen, wenn ich Gott anriefe.« Doch hier ist Marlowes Text nicht widerspruchsfrei, denn es gab Augenblicke, da Faustus anscheinend im Begriff war zu bereuen und daran nur dadurch gehindert wurde, daß Mephistopheles ihn durch die Aussicht auf ein neues Vergnügen verlockte. Wenn man darüber nachdenkt, erscheint Faustus durch diesen Zusatz auf der Liste der Ungewißheiten in noch höherem Maße als typischer Akteur. Als er seine ursprüngliche Entscheidung traf, wußte er weder, ob sie sich rückgängig machen ließ, noch ob das Hindernis im negativen Fall in dem Pakt lag oder in ihm selbst.

Kurz, sofern die Problematik ausschließlich die Zweckrationalität betrifft, gibt es hier keine Antwort auf die hermeneutische Frage, ob Faustus rational gehandelt hat. Selbst wenn er zum Schluß imstande wäre, Bilanz zu ziehen – wobei »die vierundzwanzig Jahre eitles Vergnügen« zweifelnd unter »Gewinn« eingetragen würden, der Verlust der »ewigen Freude und Glückseligkeit« dagegen ohne zu zögern unter »Kosten« –, so wäre dies erst im nachhinein möglich. Weit problematischer ist jedoch die Ungewißheit, die nicht bloß die Konsequenzen betrifft, sondern auch ihre Wirkung auf das Maß ihres Werts sowie auf den Handelnden selbst. Diese radikale Ungewißheit ist, wie mir scheint, typisch für die Entscheidungen, die wir treffen, obwohl wir sie im Hinblick auf die Zwecke des Alltags unterdrücken, indem wir so tun, als stünden die Entscheidungsparameter fest. Bei der Zweckrationalität geht es im Grunde nur um die innere Widerspruchsfreiheit, und selbst so aufgefaßt ist sie etwas Künstliches, dessen Zusammenhang mit der Rationalität nicht intern hergestellt werden kann. Zum Verstehen ist ein Idealtypus nötig, der in einer Sprache der externen Gründe formuliert ist.

Welche Sprache das ist, ist nicht klar. Die an Faustus gerichteten Abschiedsworte des guten Engels lauten:

Hättest du nach holder Göttlichkeit gestrebt,
so hätten Hölle oder Teufel keine Macht über dich.

Falls wir die Wahrheit über die unsichtbare Welt kennen müssen, sind die Probleme des Verstehens entmutigend. Doch ich hoffe, daß wir auch ohne »Göttlichkeit« etwas lernen können, und zwar durch die Philosophie, die Faustus ein »verhaßtes und dunkles« Fach nennt. Die Moral der Geschichte ist, soweit sie uns bisher deutlich geworden ist, negativ: Zweckrationalität ist nicht genug. In den folgenden beiden Kapiteln geht es mehr ums Konstruktive.

3 Handeln in einem normativen Kontext

Weber definiert das soziale Handeln als ein Handeln, welches dem »gemeinten Sinn nach auf das Verhalten *anderer* bezogen wird und daran in seinem Ablauf orientiert ist«. Heute pflegt man diesen Gedanken so zu formulieren: Soziale Akteure sind Spieler von Spielen – und dies ist ein Punkt, an dem eine Philosophie des Handelns nutzbringend zum Einsatz kommen kann. In der Erkenntnistheorie gilt immer noch Descartes' Aufforderung zu fragen: »Was weiß *ich*?«, womit nahegelegt wird, das »Ich« müsse von sich selbst her zum fremden Bewußtsein hin und von den inneren Erlebnissen her zur Außenwelt hin vorgehen. Diesen Vorschlag kann man zwar ablehnen, aber er wirkt immer noch überaus reizvoll. Es ist keineswegs ausgeschlossen, die Philosophie des Handelns auf cartesianische Weise zu treiben, wobei man von einer individualistischen Philosophie des Bewußtseins ausgeht und geltend macht, die Interaktion sei nichts anderes als die Summe der Einzelhandlungen. Ich für mein Teil habe im Studium gelernt, den Sachverhalt genauso aufzufassen. Doch selbst einem Philosophen würde das Leben auf einer einsamen Insel nur wenig Spaß machen. Zu vermuten ist, daß sogar im Garten Eden nicht viel los war, ehe Gott Eva schuf und ein sozialer Rahmen gegeben war, über den sich Adam und Eva den Kopf zerbrechen konnten.

Betrachtet man die Handlung als Zug in einem Spiel und die Akteure als Spieler von Spielen, so geht man von innen her an die soziale Welt heran. Damit ist an sich noch kein großer Schritt getan, denn die Beziehung zwischen Akteur und Spiel läßt sich verschieden deuten. Nach einer extremen Auffassung können die Spiele des sozialen Lebens die Spieler so vollständig absorbieren, daß sie als Individuen von der Bildfläche verschwinden: eine Art hermeneutisches Gegenstück des strukturell-funktionalen Determinismus. Das entgegengesetzte Extrem ist die Auffassung, wonach die einzelnen aus rein taktischen Gründen spielen, um ihren erwarteten Nutzen zu maximieren, und dabei ist das Spiel lediglich einer der Parameter, in deren Rahmen sie das Verhältnis von Mitteln zu Zwecken berechnen. Diese Ansicht geht häufig mit einem situationsbezogenen Determinismus einher, der die Ausgangsmethode des Verstehens bloß als heuristisches Hilfsmittel hinstellt und es zweifelhaft läßt, ob der vom Begriff des rationalen Akteurs ausgehende Individualismus überhaupt *Individuen* braucht.

Beide Extreme haben ihre Vorteile und wollen an sich ziehen, was ich im ersten Kapitel in das Feld rechts unten der dort wiedergegebenen Matrix eingesetzt habe, also an der Stelle, wo das geheimnisvolle Wort »Pflichten« erscheint. Dabei hat mir vorgeschwebt, daß die sozialen Akteure Rollen spielen, doch der Ausdruck »Rolle« kann völlig verschieden aufgefaßt werden, während »Pflicht« auf eine ganz bestimmte Lesart hindeutet, für die ich mich im folgenden stark machen werde. Der durch »Pflicht« angetriebene Spieler einer Rolle ist zwar eine unbehagliche Mischung aus individuellen und kollektiven Elementen, doch in der Theorie vermag er, wie ich behaupten möchte, dem von beiden Extrempositionen ausgehenden Zug zu widerstehen. Um die Arena für die Auseinandersetzung zu rüsten, stelle ich zunächst zwei Spielbegriffe einander gegenüber.

In der »Spieltheorie«, die üblicherweise eingesetzt wird, um der Theorie der rationalen Entscheidung ein weiteres Anwendungsgebiet zu verschaffen, ist der Begriff »Spiel« präzis definiert. Ein Spiel gilt als Interaktion zwischen zwei oder mehr *rational Handelnden*, deren jeder Handlungen oder *Strategien* wählen kann. Die Interaktion führt zu einem *Ergebnis*, welches die Summe der einzelnen Strategien darstellt und jedem Handelnden einen *Ertrag* zuweist. Der springende Punkt ist, daß der jedem einzelnen zukommende Ertrag nicht nur von seiner eigenen Strategie abhängt, sondern außerdem von der Strategie, die der andere gewählt hat. Das Interesse jedes Spielers gilt jedoch zumindest anfangs nur dem eigenen Ertrag, und jeder beteiligt sich nur dann an dem Spiel, wenn er durch das Mitspielen besser daran ist als durch Aussetzen. Die Interessen werden mit Bezug auf die einzelnen Präferenzen definiert. Hinter dieser trockenen Anatomie des (ökonomischen, allerdings vielleicht nicht biologischen) sozialen Lebens ist eine vom Vertragsgedanken geprägte, individualistische Auffassung der sozialen Regeln oder Normen lebendig. Normen sind Konventionen, an die sich die einzelnen insoweit halten, als es für sie rational ist. Die Konventionen können in zwei verschiedene Gruppen fallen (wobei auch Mischfälle möglich sind). Da gibt es erstens die Konventionen, die allen angenehm sind, weil sie dazu dienen, Strategien zu koordinieren, die dem wechselseitigen Vorteil dienen, und zweitens gibt es Konventionen, bei denen es neben Gründen zur Kooperation auch Gründe gibt, die Zusammenarbeit aufzukündigen. Ein Beispiel für Konventionen der ersten Art ist die Übereinkunft, daß man in Deutschland auf der rechten Straßenseite fährt (oder in Großbritannien auf der linken). Es ist für uns alle von Nutzen, wenn wir uns an die Konvention halten, egal, welche von ihnen sich durchsetzt, und obwohl man beim Fahren auf der deutschen Autobahn mitunter den Eindruck gewinnt, es sei wie der von Thomas Hobbes beschriebene Krieg aller gegen alle, muß es sich dabei doch um eine trügerische Wahrnehmung handeln. Alle rationalen Personen profitieren von Konventionen, die einen sicheren Straßenverkehr ermöglichen. Dies sind konsensbestimmte Normen, die keiner Polizeiüberwachung bedürfen (bzw. rational gesehen keiner solchen Überwachung bedürfen sollten).

Die zweite Art von Konventionen, bei der die einzelnen

kooperieren, obwohl es manche Gründe gibt auszuscheren, sind weniger solide fundiert. Denken wir etwa an die Olympischen Spiele. Dies sind im großen und ganzen kooperative Spiele, insofern Länder und Sportler mit einer derartigen Begeisterung teilnehmen, die deutlich macht, daß der Nutzen die Kosten überwiegt. Doch diese Kooperationshaltung wird nicht uneingeschränkt und nicht ohne Mühen eingenommen. Normen müssen streng definiert und streng durchgesetzt werden, und zwar aus Gründen, die unter zwei verschiedene Rubriken fallen: Für Teilnehmer am Wettbewerb, die vom olympischen Geist beflügelt werden, handelt es sich bei dieser Gelegenheit um ein »Versicherungsspiel«, bei dem sich jeder Mitspieler ohne Einwände nach den Regeln richtet, sofern er glaubt, daß der olympische Geist auch für die anderen gilt. Manchen Mitbewerbern entspricht jedoch eher der Gedankengang, wie er vom Gefangenendilemma artikuliert und durch das Problem der Trittbrettfahrer verallgemeinert wird. Dabei nimmt dieser Gedankengang die Form der Überlegung an, daß sich die anderen entweder nach den Regeln richten werden oder nicht: Wenn nicht, ist es von Vorteil, wenn man selbst ebenfalls gegen die Regeln verstößt; wenn ja, ist es wieder von Vorteil, wenn man gegen sie verstößt (ohne erwischt zu werden); also gilt, daß es besser ist, (unerkannt) gegen die Regeln zu verstoßen, *gleichgültig, was die anderen tun*. Daß sich bei den Olympischen Spielen *alle* fair verhalten, ist zwar besser, als wenn *keiner* es täte, doch die Normen, die die Spiele ermöglichen, können durch Trittbrettfahren in Gefahr geraten. Außerdem macht das Trittbrettfahren die Versicherung zunichte und überträgt sich somit auf diejenigen, die eigentlich dagegen sind.

Die bekannteste Analyse dieser Situation ist nach wie vor die Darstellung, die Thomas Hobbes 1651 in seinem *Leviathan* gegeben hat. Hobbes' Lösung besagt, daß eine Gesellschaft unmöglich ist, sofern die einzigen Normen von konsensbedingter Art sind. Außerdem müsse es Zwangsnormen geben: Regeln, die durch eine gemeinschaftliche Macht durchgesetzt werden, die stark genug ist, um alle in Schach zu halten. Gerade die Grundnorm – der Gesellschaftsvertrag selbst – muß auf Zwang beruhen, denn Versicherungsspiele können nur vor einem gesetzlich garantierten Hintergrund gespielt werden: »Abkommen ohne das Schwert sind nichts als vergeudeter Atem.« Fragen wir zurück, warum das so sein soll, antwortet Hobbes in zwei Schritten. Der erste Schritt ist die spezifische These, wir seien von Natur aus im Wettstreit miteinander und auf Güter erpicht, die wir nicht alle haben können, weil es dabei auch Verlierer geben muß. (Wer z. B. »Ruhm« (Status) will, der will mehr Ruhm als sein Nächster.) Der zweite Schritt kommt in der allgemeinen Auffassung zum Ausdruck, wonach die Menschen separate Individuen oder sozusagen soziale Atome sind, deren Verhalten untereinander instrumentell ist.

Die Spieltheorie ist weder an die Voraussetzung gebunden, die Menschen befänden sich im Grunde im Wettstreit miteinander, noch ist sie deshalb auf eine politische Theorie der Autorität Hobbesscher Prägung festgelegt. Dennoch beruht sie üblicherweise auf der umfassenderen Annahme, die Mitspieler seien soziale Atome und ihre Interaktionen instrumenteller Art. Daraus ergibt sich eine interessante Unterscheidung zwischen einer internen und einer externen Auffassung der Spiele des sozialen Lebens. Die Spieltheorie nimmt einen externen Standpunkt ein, bei dem das Spiel aus Strategien und Erträgen besteht, die auf dem Ergebnis beruhen und bei denen jeder Mitspieler das Motiv hat, seinen erwarteten Ertrag zu maximieren. Dennoch bleibt eine Menge Internes zu sagen über die als Züge im Rahmen der Spielregeln aufgefaßten Strategien sowie über die Gründe, weshalb die Spieler im jeweiligen Kontext diese spezifischen Züge ausführen.

Besonders deutlich wird die Unterscheidung zwischen Intern und Extern bei einem offensichtlich künstlichen und formalen Spiel wie dem Schach. Nehmen wir an, Kasparow und Karpow haben das Endspiel erreicht. Nun sind Kasparows Strategien (im spieltheoretischen Sinne dieses Wortes) auf drei zulässige Züge beschränkt, die durch Bezugnahme auf die Regeln des Schachspiels beschrieben werden müssen (also z. B. mit den Worten »e6–e7«, und nicht »das Holzstückchen 10 cm nach Norden«). Wenn wir fragen, was da eigentlich vor sich geht, bezieht sich die Antwort auf eine konventionsbezogen und dementsprechend intern spezifizierte Situation sowie auf eine Menge ebenfalls intern spezifizierter möglicher Absichten auf seiten Kasparows. Wenn Kasparow sodann den Zug e6–e7 ausführt und wir nach dem Warum fragen, wird die Antwort wieder interner Art sein. Das spieltheoretische *Motiv* der Nutzenmaximierung ist uns hier keine Hilfe. Wir fragen nach Kasparows *Grund*, weshalb er meint, mit e6–e7 werde er das Spiel am ehesten gewinnen (bzw. am ehesten nicht verlieren), so z. B. daß Karpow sich gegen die Bedrohung zur Wehr setzen muß, daß ein gegnerischer Bauer in die Dame verwandelt wird. Sowohl die mögliche Menge von Handlungen als auch die in diesem Rahmen rationale Entscheidung sind nur von innen her verständlich. Andererseits ist die externe Frage nach dem Motiv immer noch nicht aus dem Weg geräumt. Es könnte sein, daß wir dennoch wissen wollen, warum Kasparow Schach spielt, während er hätte angeln gehen können, oder warum er professionell Schach spielt, anstatt als Physiker zu arbeiten, oder sogar warum er überhaupt gewinnen will, wenn es politisch mehr einbrächte, wenn er verlöre. Doch diese externen Fragen setzen allesamt eine interne Erklärung dessen voraus, *was* er eigentlich tut, und sie unterscheiden sich von internen Fragestellungen, die die *Gründe* seines Tuns betreffen.

Das soziale Leben ist nur selten so völlig künstlich und formal wie das Schachspiel. Die Regeln eines Spiels des sozialen Lebens sind kaum je vollständig genug, um zu bestimmen, was ein zulässiger Zug ist und was nicht. Der Zweck eines sozialen Spiels ist nur selten so klar definiert wie Schachmatt, das ja einen Maßstab zuläßt, nach dem man darüber befinden kann, wann es erreicht ist. Nicht oft gibt es eine deutliche Unterscheidung zwischen dem, was die Anlage des Spiels verlangt, und dem, was ein geschickter Spieler nach Möglichkeit tun sollte. Der Unterschied zwischen einem spielinternen Grund und einem Motiv fürs Mitspielen ist hier verschwommener. Während der typische Schachspieler offenbar ein einzelner ist, der zufällig gerade Schach spielt, steht der typische soziale Akteur in engerer Beziehung zum Spiel des sozialen Lebens. Kurz, die Spieltheorie ist eine überaus raffinierte Abstraktion und läßt sich nicht als aufschlußreiche Idealisierung verwenden, solange man kein ausführliches Argument ergänzend hinzufügt.

Im Kern geht es bei dieser Auseinandersetzung um die Frage, wie es möglich ist, das soziale Leben instrumentell aufzufassen. Ist die Ehe etwa ein Spiel mit Strategien, Ergebnissen und Erträgen? Eine streng vertragsorientierte Auffassung ist nicht ausgeschlossen, wie z. B. bestätigt wird durch die vor wenigen Jahren in Amerika grassierende Mode der schriftlichen Eheverträge, in denen die genaue Aufteilung der Güter und der von der jeweiligen Seite zu leistenden Arbeiten festgelegt wurde. Gewiß ist die Theorie der rationalen Entscheidung auch auf die Ehe angewandt worden, wobei man diese als ein durch Kosten- und Nutzenerwägungen bestimmtes Verhalten deutet. Hier kann man sich sogar auf Kant und seine merkwürdige Auffassung berufen, die Ehe sei ein Vertrag »über den wechselseitigen Gebrauch, den ein Mensch von eines anderen Geschlechtsorganen und Vermögen macht«. Das hat jedoch nur oberflächlich Sinn, es sei denn, die Partner sind wahrhaftig separate Individuen und stets ein wenig distanziert von ihrer Beziehung. Sobald sie so etwas wie »ein Fleisch« werden (um einen in der Genesis mit Bezug auf

Adam und Eva gebrauchten Ausdruck zu borgen), wird das buchhalterische System der Strategien, Ergebnisse und Erträge zutiefst verdächtig. Sobald die Akteure in ihrem ganzen Wesen Spieler werden, deren Motive ebenso intern sind wie ihre Gründe, muß man sich neue Gedanken machen über den Begriff des Spiels. Die instrumentelle Rationalität beginnt vor der expressiven Rationalität zu weichen. Das entgegengesetzte Extrem wirkt jedoch ebensowenig anziehend. Bei der individualistischen Extremposition sieht es so aus, daß Romeo seiner Julia eine Liebeserklärung macht, nachdem er sich ausgerechnet hat, daß keine andere Handlung seinen Ertrag steigern würde. Bei dem entgegengesetzten Extrem stehen wir dem fanatischen und geistlosen Bürokraten gegenüber, für den die Vorschriften, die Bibel und die Dienstmarke seine Seele ist. Glücklicherweise ist es jedoch nicht nötig, diesen rigorosen Determinismus walten zu lassen. Der amerikanische Soziologe Thomas Dusenberry hat einmal gesagt: »Die Ökonomie handelt davon, wie die Menschen Entscheidungen treffen; die Soziologie handelt davon, weshalb ihnen keine Entscheidungen zu treffen bleiben.« Dies ist zwar eine überaus witzige Zusammenfassung der Auseinandersetzung zwischen Homo oeconomicus und Homo sociologicus, doch zum Glück ist es eine Fehldeutung dieser Auseinandersetzung, denn diese Formulierung geht davon aus, die Soziologie sei eine »Wissenschaft« und setzt daher einen weitgehenden kausalen Determinismus voraus. Wittgensteins Begriff des Regelfolgens kann hier ein nützliches Korrektiv sein. In Wittgensteins Darstellung des Handelns hat derjenige, der der Regel folgt, stets einen gewissen Spielraum. Gegen den Behaviourismus macht er geltend, daß wir aus dem Verhalten nie einen sicheren Schluß auf die jeweils angewandte Regel ziehen können. Schauen wir z. B. zu, wie jemand diese Zahlenfolge hinschreibt: »2, 4, 6, 8, 10, 12, ..., 94, 96, 98, 100«, so können wir nicht sicher sein, daß die nächste Zahl 102 lauten wird, denn die Regel kann ja verlangen, daß es so weitergeht: »98, 100, 104, 108, 112 usw.« Gegen die psychologistische Einstellung argumentiert er, daß es selbst bei einer gegebenen Formulierung der Regel stets noch Spielraum gibt, wie das »und so weiter« zu interpretieren ist. Ein aufschlußreiches Beispiel sind die Regeln der Rechtsprechung; diese Regeln mögen noch so straff in Worte gefaßt sein, die Gerichte müssen stets darüber befinden, was wirklich aus ihnen folgt. Der eigentliche Grund dafür wird durch Wittgensteins These veranschaulicht, daß es, ehe wir die vollständige Entwicklung von π kennen, weder wahr ist, daß die Sequenz 7777 darin vorkommt, noch falsch, daß 7777 darin vorkommt. Das Regelfolgen ist eine *kreative* Tätigkeit.

Ein Spiel im Sinne Wittgensteins bleibt daher in mancher Hinsicht fließend, wodurch es sich vom spieltheoretischen Spiel unterscheidet, ohne zu suggerieren, die Menschen hätten gar keine Entscheidungen zu treffen. In einem »Sprach-Spiel« ist die formale Grammatik, die bestimmt, was man verständlicherweise sagen kann, keine erschöpfende Angabe der »Grammatik« dessen, was man passenderweise sagen kann. Wittgensteins Begriff der Grammatik ist allerdings berüchtigt für seine Schwierigkeit. Grob gesprochen, haben die Akteure nur im Rahmen eines Schemas interner Relationen Spielraum. Dieser Gedanke untergräbt den Anspruch der instrumentellen Rationalität, unabhängig und von außen einen Hebel ansetzen zu können, um auf diese Weise an die Probleme der rationalen Entscheidung heranzugehen. Dies gelingt jedoch um den Preis, daß die Akteure und ihre Zielsetzungen als etwas Internes in den Handlungskontext hinein verlagert werden, so daß die ganze Arbeit offenbar dem Begriff des *angemessenen* Verhaltens überlassen bleibt.

Um zu sehen, warum das problematisch ist, wollen wir als Beispiel das Austragen von Duellen betrachten. Ist es (bzw. war es) rational, ein Duell auszutragen, namentlich wenn man weiß, daß man selbst der ungeschicktere Fechter oder der schlechtere Schütze ist? Eine Standardantwort von seiten der Theorie der rationalen Entscheidung steht zunächst vor dem Rätsel, daß die wahrscheinlichen Kosten für wenigstens einen Teilnehmer offensichtlich den wahrscheinlichen Nutzen überwiegen. Aber Duelle kommen (bzw. kamen) zu häufig vor, als daß dies ohne weiteres Nein bedeuten könnte. Also muß man den Duellanten Überzeugungen und Wünsche zuschreiben, durch die ihre Rationalität gesteigert wird – etwa die hochtrabende Unterschätzung der Risiken oder Abenteuerlust oder den Drang, bewundert zu werden. Doch damit wird dem Kontext zuwenig eingeräumt. Es muß doch sicherlich von ausschlaggebender Bedeutung sein, daß das Duell einem Ehrenkodex unterliegt, daß die Ehre dem Betreffenden als hoher Wert gilt und ihr Verlust als hoher Kosteneinsatz. Die Ehre macht einen relevanten Unterschied zwischen Soldaten und Söldnern.

Dieser Unterschied klingt so ähnlich wie der von Weber betonte zwischen Zweckrationalität und Wertrationalität. Eine Handlung ist, wie er sagt, dann wertrational oder »expressiv« rational, wenn ihr Ziel für den Akteur so dominierend ist, daß sie die Berechnung von Konsequenzen völlig ausschaltet. Die Präferenz für die Wahrung der eigenen Ehre hat sozusagen die Elastizität »null«. Doch wenn dies die richtige Auffassung der Ehre in einer durch einen Ehrenkodex bestimmten Gesellschaft wäre, dann wäre nicht einzusehen, wieso ein Duell in irgendeinem Sinne »rational« ist. Außerdem ist Weber selbst der Ansicht, daß Prinzipien wenigstens eine gewisse Elastizität aufweisen. In »Politik als Beruf« etwa macht er ausdrücklich geltend, der Politiker habe die Pflicht, die Konsequenzen gegeneinander abzuwägen, wenn er darüber entscheidet, was seine Prinzipien von ihm verlangen, und deswegen sei der Politiker nicht weniger ein Mann von Prinzipien. Damit bin ich einverstanden. Mir scheint, daß die Prinzipien wie *Gründe* des Handelns wirken und daher in Leibnizscher

Manier als Gründe aufzufassen sind, die den Handelnden geneigt machen, ohne ihn mit Notwendigkeit zu zwingen. Wenn Luther erklärt: »Hier stehe ich, ich kann nicht anders«, schildert er nicht, er sei durch psychologischen Klebstoff an den Boden geleimt. Der Ausdruck »kann nicht anders« hat zwar eine Kraft, doch sie ist normativer Art.

Die Art und Weise, in der die Ehre verpflichtet, ist aufschlußreich. Einerseits handelt es sich in den meisten Hinsichten um einen moralischen Begriff. Ein Ehrenmann, der sich vor einem Duell drückt, ist moralisch erledigt, es sei denn, er hat einen höheren moralischen Grund. Andererseits ist es kein im Kantischen Sinne universalisierbarer moralischer Begriff, denn seine Forderungen variieren in höherem Maße von einem Ort zum anderen, als Kant gutheißen würde. In manchen Kulturen wird man durch die gültigen Ehrvorstellungen zu einer Handlung aufgefordert, die Kant vermutlich als Mord ansähe. Ehrengründe könnte man als »situationsabhängige« Gründe bezeichnen, denn sie beruhen auf einem ortsgebundenen, beschränkten Kodex, der nach Kants Urteil womöglich gar kein moralischer Kodex wäre. Daher müssen wir den Ausdruck »normativ« als handlungsleitenden Terminus verwenden, allerdings als einen, der die Beziehung zwischen »normativ« und »moralisch« offenläßt.

Inwiefern unterscheiden sich normative Gründe nun von instrumentellen Gründen? Zum Teil liegt die Antwort darin, daß sich die normativen Gründe auf die Beschreibung der möglichen Mittel zur Erreichung des Handlungsziels auswirken. Als die britische Armee um die Jahrhundertwende in Südafrika im Burenkrieg kämpfte, hätte man fragen können, welches die rationale Reaktion auf die Entdeckung hätte sein sollen, daß die Buren Dumdumgeschosse verwendeten. Ein solches Dumdumgeschoß zerplatzt im Inneren des getroffenen Ziels und ist, was das Töten oder Verwunden des Feindes angeht, weit wirkungsvoller als eine gewöhnliche Kugel. Zumindest sobald der Feind bereits Dumdumgeschosse verwendete, hätte die effiziente, instrumentelle Entscheidung gelautet, daß man sie ebenfalls einsetzt. Doch damals war der Krieg eine Beschäftigung für Gentlemen, und Dumdumgeschosse ließen sich offensichtlich nicht mit der eigenen Ehre vereinbaren, es sei denn freilich, daß sich Soldaten im Kampf gegen ehrlose Gegner nicht wie Gentlemen zu verhalten brauchten. Also mußten normative Gründe gegen instrumentelle Gründe abgewogen werden, indem man die Frage stellte, ob ein vorgeschlagenes Mittel gegen die Ehre verstieß.

Aber auch die Identität des Handelnden spielt eine Rolle bei der Herausforderung des instrumentellen Denkens. Das Dumdumgeschoß bildet ein besonderes Problem für einen »Offizier und Gentleman«, wie man zu sagen pflegte. Ein solcher Akteur ist von anderem Schrot und Korn als der universelle Homo oeconomicus rationalis. Andererseits ist er einer berechnenden Erwägung auch nicht völlig unzugänglich. So kleidete man früher die Truppen in grellfarbige Uniformen und wählte etwa Scharlachrot, und die Offiziere wurden noch speziell gekennzeichnet, indem man ihnen besondere Helme gab. Die Buntheit der Farben hing zusammen mit militärischen Vorstellungen von Kühnheit und sonstigen ehrenhaften Tugenden. Gleichzeitig wurde damit dem Feind ein leichtes Ziel geboten, denn der Gegner konnte die Soldaten schon von weitem erkennen, und wenn ihm die Munition ausging, konnte er die so nützlich markierten Offiziere abschießen. Kein Wunder also, daß die Offiziere und Gentlemen alsbald ihre Vorstellungen von Kühnheit und Ehre änderten und zu Khakiuniformen übergingen. Wir müssen die Identität des Handelnden daher in einer Weise einbeziehen, die einen Kompromiß zwischen Ehre und Effizienz zuläßt.

An dieser Stelle werde ich die »expressiven« Handlungsgründe noch einmal unterteilen und einen Unterschied machen zwischen prinzipiellen Gründen und Gründen, die etwas mit der Rolle zu tun haben. Die Frage, wie der rational Handelnde durch Prinzipien zum Handeln bewogen wird, wurde bereits im vorigen Kapitel angeschnitten und ist den Philosophen im allgemeinen vertraut. Der Begriff der Rolle ist in der Philosophie weniger gebräuchlich, aber wichtig, wenn es um Rationalität geht. Dieser Begriff hat zwei eingebürgerte Verwendungsweisen, zum einen im Zusammenhang mit dem institutionellen Handeln und zum anderen mit Bezug auf die Bühne.

Bei einer soziologischen Auffassung der Institutionen (die zum Teil im Gegensatz steht zu einer Wittgensteinschen Auffassung) stellt man sich ein soziales System als Struktur aus sozialen Positionen vor, die jeweils durch mit ihnen verknüpfte »normative Erwartungen« dynamisiert werden. Eine Institution ist eine Menge sozialer Positionen, und eine Rolle ist eine Menge mit ihnen verknüpfter normativer Erwartungen. Dabei dürfen die normativen Erwartungen nicht mit typischen Voraussagen verwechselt werden – »normativ« bedeutet nicht das gleiche wie »normal«. So gibt es z. B. in der Institution der Bundesbahn die Rolle des Schaffners. Da vom Schaffner erwartet wird, daß er Fahrkarten kontrolliert, können wir zwar *voraussagen*, daß er es tun wird, doch selbst wenn er es häufig unterläßt, wird es dennoch von ihm *erwartet*. Die Erwartungen hängen mit Pflicht und Berechtigung zusammen, und wenn ihnen nicht entsprochen wird, ist das ein Anlaß zur Rüge. Die Prognosen stehen in etwa in der gleichen Beziehung zu den Erwartungen wie das, was geschehen wird, zu dem, was geschehen sollte.

Möglich ist, daß es dabei zu kausal bedingter Unterlassung der Fahrkartenkontrolle kommt. Ist ein Schaffner dumm, faul oder kurzsichtig, gleicht sein Versäumnis zu bemerken, daß meine Fahrkarte ungültig ist, einem kausal bedingten Defekt einer Fahrkartenkontrollmaschine. Auf der kausalen Ebene ist eine in solchen Begriffen gehaltene Erklärung angemessen, solange man nicht versucht, eine auf der Sinnebene adäquate Erklärung zu geben. Normative Versäumnisse bedürfen einer anderen Deutung. Ist der Schaffner bestechlich, ist er vielleicht bereit, ein Bakschisch anzunehmen, um das Datum auf meiner Fahrkarte zu übersehen. Sein Grund, mich in Gewahrsam zu nehmen, ist durch seine eigennützigen Motive außer Kraft gesetzt worden. Wir verstehen, was da vor sich geht, indem wir bemerken, daß der Grund zur Rolle gehört und das Motiv zur Person, die diese Rolle spielt. Dieses Verständnis umfaßt eine durchaus übliche Auffassung der Beziehung zwischen Ich und Rolle.

Interessant ist jedoch, daß sogar eine unkomplizierte Rolle wie die des Schaffners einen gewissen Ermessensspielraum zuläßt. Mitunter wird vom Schaffner erwartet, daß er nicht allzu dienstbeflissen ist oder ein Auge zudrückt. Zu einer Rolle gehören verschiedene normative Erwartungen und diese können in Konflikt geraten. Da sich nicht alle Situationen vorhersehen lassen, können Prioritäten für den Fall des Konflikts nicht vollständig angegeben werden. Überhaupt ist es, sieht man einmal von den allersimpelsten Rollen ab, unmöglich, ein vollständiges Handbuch für alle Eventualitäten herauszubringen, und töricht ist es ohnehin. Die meisten Rollen verlangen Flexibilität, Findigkeit und Initiative. Während sich Maschinen insofern innovativ verhalten können, als sie imstande sind, auf einen neuen Wert für eine in ihrem Programm vorgesehene Variable zu reagieren, können Menschen die Initiative ergreifen, indem sie sich mit Variablen auseinandersetzen, die in ihren Rollen nicht vorgesehen sind. Hier hat der Betreffende einen Grund zum Handeln, den er nicht hätte, wenn er nicht diese Rolle spielte, wobei der Grund jedoch nicht exakt zu dieser Rolle gehört. Die Beziehung zwischen Ich und Rolle ist nicht die gleiche wie die zwischen Eigennutz und offizieller Pflicht.

Daraus folgt, daß die Einfügung der Handlungsgründe in

einen normativen Kontext nicht auf das gleiche hinausläuft
wie die Ergänzung des Handlungsverstehens durch sozialen Determinismus. Ebensowenig bedeutet es, daß man soziale Parameter aufstellt, in deren Rahmen der Homo oeconomicus rationalis berechnen kann, welche Mittel seinen
eigenen Zwecken entsprechen. Zumindest brauchen wir
den Wittgensteinschen Begriff des Regelfolgens, der, wie
bereits festgestellt, weder völlig deterministisch ist noch
geradezu kalkülbedingt. Doch darüber hinaus fällt es nicht
leicht klarzusehen. Muß das von jeder komplexen Rolle
vorausgesetzte Ich letztlich eliminiert werden, indem man
behauptet, das Ich sei die Summe der Rollen einer Person?
Oder ist die Verflechtung verschiedener Rollen eine
Übung in sozialem Leben, die ein Ich erforderlich macht?
Fürs erste möchte ich mich auf die Anmerkung beschränken, daß der mit Bezug auf normative Erwartungen definierte Begriff der institutionellen Rolle dieses Problem aufwirft, ohne es zu lösen.

Auch in jener anderen eingebürgerten Arena des Rollenspiels – nämlich auf der Bühne – stellt sich eine ähnliche,
beunruhigende Mehrdeutigkeit ein. Hier geht man, grob
gesprochen, von dem Vorschlag aus, ein jeder von uns sei
ein Schauspieler im Stück des eigenen Lebens; folglich
werde man, wenn man die Funktionsweise des Theaters
begreift, auch verstehen, was es mit dem sozialen Handeln
auf sich hat. Der Haken ist, daß gar nicht offensichtlich ist,
was über das Theater zu sagen ist. In Marlowes *Doktor
Faustus* etwa dürfen wir die Gedanken belauschen, die
Faust durch den Kopf gehen, und wir dürfen sehen, wie
sich sein öffentliches Verhalten zu seinem inneren Wesen
verhält. Doch daraus folgt nichts im Hinblick auf das Verhältnis von Ich und sozialer Rolle, denn Marlowe zwingt
uns seine eigene Sicht auf, und daran ist nichts Unbestreit-
bares. Oder soll es heißen, die Ähnlichkeit bestehe nicht
zwischen jedem einzelnen von uns und einer Figur in einem Stück, sondern jeweils zwischen einem von uns und

einem Schauspieler, der eine Figur spielt? Das nützt uns auch nichts, es sei denn, wir haben bereits die Beziehung verstanden, die zwischen der Figur und dem sie darstellenden Schauspieler besteht. Aber auch die Schauspielerei läßt sich in zweierlei Weise analysieren: Nach der einen Auffassung ist der Schauspieler jemand, der *vorgibt*, die Figur zu sein. Nach der anderen ist der Schauspieler (zeitweilig) mit der Figur *identisch*. Mit der Frage, welche dieser beiden Erklärungen die aufschlußreichere ist, kehren wir wieder an den Ausgangspunkt zurück.

Ich bestreite keineswegs, daß das Theater faszinierende Anregungen liefert, wenn man über Gründe, Motive und das Ich nachdenkt, und ebensowenig bestreite ich, daß Shakespeares oft zitierter Ausspruch »Die ganze Welt ist eine Bühne, und alle Fraun und Männer bloße Spieler« durchaus etwas Suggestives hat. Doch die Analogie läßt sich in mehr als einer Weise auffassen: Manche stellen es so hin, als seien die Männer und Frauen getrennt von den Masken, die sie tragen, und von den Rollen, die sie spielen. Andere wiederum lassen sie so vollständig im Stück aufgehen, daß sie aufhören als Individuen zu existieren. Die Theorie der institutionellen Rolle scheint zu besagen, die Rolle sei dem Ich vorgeordnet; doch dann stellt sich heraus, daß es nicht ganz so rigoros gemeint ist. Der Vergleich mit dem Schauspiel scheint zu besagen, das Ich sei der Rolle vorgeordnet; doch dann stellt sich heraus, daß auch diese Analogie mehrdeutig ist.

Wittgenstein hat uns hier keine Hilfe mehr zu bieten. Einerseits folgen die Akteure Regeln, und wir verstehen die Betreffenden, indem wir ihre jeweilige beschränkte Kenntnis »wie es weitergeht«, nachkonstruieren, was darauf hindeutet, daß das Handeln durch die Erfordernisse seines Kontexts an Bestimmtheit gewinnt. Andererseits werden die Regeln im Zuge ihrer Anwendung aufgestellt, was darauf hindeutet, daß die Forderungen des Kontexts nicht bestimmt sind. Sofern die Problematik von Wittgenstein gelöst wird, liegt der Kern der Sache vermutlich darin, daß der ersten Person Plural (»wir«) Vorrang eingeräumt wird vor der ersten Person Singular (»ich«). Aber auch das ist unklar, es sei denn, damit wäre gemeint, daß jeder von uns letztlich das Geschöpf seiner Gruppe ist. Das kann jedoch meines Erachtens nicht damit gemeint sein, denn sonst hätte man genausogut von vornherein darauf pochen können, daß anstelle eines gesetzbestimmten sozialen Determinismus ein regelbestimmter Determinismus zu gelten habe. Von hier aus sehe ich jedoch keine Möglichkeit fortzufahren.

Versuchen wir es also mit einem anderen Ansatzpunkt. Bei Kant ist ein moralischer Handlungsgrund ein externer Grund in der Form eines kategorischen Imperativs, der sich an jeden richtet, der guten Willens ist und sich in der entsprechenden Lage befindet. Ob etwas meine Pflicht ist, hängt nicht davon ab, was ich tun *möchte*. Wenn etwas meine Pflicht ist, so ist damit für mich ein Grund gegeben, es zu tun, gleichgültig, ob ich mag oder nicht und ob ich es weiß oder nicht. Das moralische Denken ist ein Prozeß, durch den ich herausfinde, welches meine Pflichten sind, und dadurch komme ich zu externen Handlungsgründen. Indem der rational Handelnde einen guten Grund als solchen erkennt, macht er sich ihn zu eigen. Als moralphilosophische These ist dieser Gedanke zwar besonders klar, doch es handelt sich um eine allgemeine These über das rationale Handeln und folglich auch darüber, wie Handlungsgründe einen rational Handelnden motivieren. Implizit ist damit auch eine deutliche Unterscheidung zwischen Ich und Rolle gegeben. Der Handelnde geht als Wille, der durch Überzeugungen angetrieben wird, an die soziale Welt heran. Er ist ein universelles Individuum, das, wenn es darum geht zu entscheiden, was richtig ist, die Konsequenzen außer Betracht läßt. Anders als Pontius Pilatus, kann dieser Handelnde nicht durch Erwägungen, die sein Amt betreffen, zu etwas bewogen werden.

Aber nicht einmal Kant kann es durchhalten, sich ständig auf dieser Ebene absoluter Reinheit zu bewegen. In der *Grundlegung zur Metaphysik der Sitten* nennt er vier Beispiele zur Veranschaulichung des Kategorischen Imperativs »Handle so, als ob die Maxime deiner Handlung durch deinen Willen zum allgemeinen Naturgesetze werden sollte«. Der Selbstmord ist untersagt, denn wenn er üblich wäre, würden sich chaotische Verhältnisse ergeben. Kein Versprechen sollte unaufrichtig gegeben werden, denn allgemeine Unaufrichtigkeit würde die Absicht und den Zweck, denen sie dienen sollen, zunichte machen. In diesen beiden Beispielen sollen wir zum Sittengesetz gelangen, indem wir die Konsequenzen der verschiedenen Praktiken beurteilen. Im dritten Beispiel geht es um eine gutsituierte Person, die ein Leben aus Müßiggang und Unterhaltung der undankbaren Aufgabe vorzieht, den Verstand zu bilden und ihre Naturanlagen zu vervollkommnen. Sollte sich dieser Mensch der Anstrengung unterziehen? Ein Zustand, in dem jeder seine Begabung ungenützt läßt, ist zwar möglich, doch ein intelligentes Wesen kann das nicht wollen. Aber wenn dem so ist, dann liegt es nicht auf der Hand, sofern die Möglichkeit eingeräumt wird, es könne eine umfassende Gesellschaft von Müßiggängern geben. Im letzten Beispiel fragt sich ein Reicher, ob er jemandem helfen soll, der sich in einer Notlage befindet. Man kann sich zwar, wie Kant meint, eine Gesellschaft vorstellen, in der niemand Mitgefühl an den Tag legt, doch die Vernunft spricht nicht dafür. Es kann eines Tages vorkommen, daß der Reiche selbst auf Mitgefühl angewiesen ist, und dann täte es ihm leid, allgemeine Hartherzigkeit gewollt zu haben. Hier setzt sich ein aufgeklärter Eigennutz an die erste Stelle, und zwar einer, der auch die Konsequenzen in Betracht zieht.

Hier geht es nicht darum, daß auch die größten Philosophen gelegentlich ins Rutschen geraten, sondern darum, daß das Motivierungsvermögen der Vernunft ein allgemeines ist, das verschiedene Formen annehmen kann. Ich halte es, ebenso wie Max Weber, für einen Fehler, einen direkten Gegensatz zwischen Prinzip und Berücksichtigung der Konsequenzen aufzubauen, und das Verfehlte daran wird im nächsten Kapitel noch deutlicher. Dagegen möchte ich Kants Einstellung zu den Handlungsgründen uneingeschränkt gutheißen. Der rational Handelnde wird nur durch gute Gründe angetrieben, wobei die Vernunft als Filter fungiert und Wünsche wie Konsequenzen zu beurteilen hilft. Kant scheint zwar zu behaupten, die moralisch handelnde Person werde niemals durch das Gefühl angetrieben, doch sein eigenes Beispiel mit dem Reichen deutet auf das Gegenteil hin. Der Reiche empfindet Mitgefühl, fragt sich, ob er dementsprechend handeln muß, und kommt zu dem Schluß, daß er es tun sollte. Er handelt zwar gemäß einem Prinzip, doch ich sehe nicht ein, warum das so gedeutet werden sollte, als handele er nicht gemäß seinen Wünschen. Müßte es so gedeutet werden, lautete das Prinzip: »Handle, *als ob* du durch Mitgefühl dazu angetrieben würdest«; doch dieses Gebot ist, wie mir scheint, nicht nur reizlos, sondern überdies auf eine in höherem Maße gefühlsbestimmte Handlungsweise angewiesen. Einfacher gesagt, der rational Handelnde hat gute Gründe, sich durch das Mitgefühl anregen zu lassen.

Dieser Ansatz verallgemeinert, vom moralischen Handeln ausgehend, im Hinblick auf das rationale Handeln insgesamt. Der Wunsch als solcher ist kein guter Grund. Darin liegt, um es bündig zu sagen, der Fehler der instrumentellen Analyse des rationalen Handelns, in der die Wünsche einen ihrer Stärke proportionalen Wert erhalten und behalten. Der rational Handelnde muß Distanz von seinen Wünschen gewinnen und sich ein Urteil über sie bilden. Dafür gibt es einen Kantischen Test, bei dem es darum geht festzustellen, was geschähe, wenn jeder, der sich in derselben Situation befände, ebenso handelte; und dieser Test spiegelt die Vorstellung, daß der rational Handelnde irgendwie unpersönlich ist. Doch diese Vorstellung bleibt in wenigstens dreierlei Hinsicht schwer zu greifen.

Erstens, wer fällt unter den Begriff »jeder, der sich in derselben Situation befindet«? Am ehesten sinnvoll erscheint mir die Antwort: »Jeder, der in den gleichen sozialen Beziehungen steht.« Dies ist allerdings keine Kantische Antwort. Sie gestattet es z. B., Unterschiede zwischen Personen, die an Selbstmord denken, in Betracht zu ziehen. Vielleicht sollten Mütter mit kleinen Kindern weiterkämpfen, während Kranke und einsame alte Menschen es nicht zu tun brauchen. Doch hinsichtlich der gruppen- und beziehungsspezifischen Verallgemeinerung gibt es kein Problem, und selbst Kant läßt einen gewissen Spielraum zu für einschlägige Unterschiede. Es stellt sich also die umfassende Frage: Auf welche Unterschiede kommt es an? Und diese Fragestellung gewährt Imperativen Einlaß, die mit bestimmten Rollen verknüpft sind. Wir werden also weiter über Pontius Pilatus nachdenken müssen.

Zweitens, von welchem Standpunkt sollen wir Verhältnisse beurteilen, in denen jeder in derselben Situation gleich handelt? Mir scheint, es ist reiner Starrsinn, wenn man Konsequenzen nicht in Betracht ziehen will. Und schließlich berücksichtigt Kant sie ja selbst in seinen Beispielen. Sodann müssen wir fragen: Welche Konsequenzen für wen und nach welchem Urteil? Diese Fragen sind zu umfassend, als daß ich hier auf sie eingehen könnte. Doch es sind Fragen, die sich zweifellos stellen, und eine Methode der rationalen Nachkonstruktion, die bei ihrer Untersuchung von Idealtypen des rationalen Handelns ausgeht, muß sich im klaren darüber sein, was der Handelnde in Rechnung stellen sollte. So fragt es sich z. B., ob das Austragen von Duellen in Gesellschaften, die durch einen Ehrenkodex gebunden sind, eine rationale Praktik ist. Die Sozialwissenschaften haben großes Interesse an der Antwort.

Drittens, die Kantische Universalisierbarkeit ist allerdings verwundbar durch die naheliegende Gegenfrage: »Wie steht es, wenn *nicht* jeder, der sich in derselben Situation befindet, ebenso handelt?« Kant selbst gibt sich, wie es scheint, äußerst kompromißlos. *Immer* soll man die Wahrheit sprechen und seine Versprechen halten. Ich finde, das ist untragbar. Platon weist darauf hin: Wenn ich mir von jemandem ein Beil leihe, und er verlangt es zurück, um jemand anders damit umzubringen, sollte ich weder mein Rückgabeversprechen halten noch ihm mitteilen, wo sich der Betreffende verborgen hält. Sobald man sich jedoch auf Kompromisse einläßt, macht es einen relevanten Unterschied, in welchem Maße man nachzugeben bereit ist. Wenn ich in einer unvollkommenen Welt tue, was ich in einer Welt tun sollte, in der jeder nachgibt, werde ich die Dinge vielfach verschlimmern. Dieser Sachverhalt läßt sich durch Verallgemeinerung auch auf rationale Strategien beim Spielen von Spielen übertragen. Um ein triviales Beispiel zu nennen: Es kann mich beim Pokerspiel teuer zu stehen kommen, wenn ich einen dummen Gegner durch einen doppelten Bluff hereinzulegen versuche. Meine rationalen Entscheidungen hängen häufig davon ab, wie rational der andere ist, nicht davon, wie rational er im Idealfall sein könnte.

Gute Gründe sind demnach in wenigstens dreierlei Hinsicht relativ zum normativen Handlungskontext. Es kommt darauf an, in welchen sozialen Beziehungen der Handelnde steht, welche Begriffe er auf die Ergebnisbeurteilung anwendet und wie rational seine Mitmenschen sind. Damit, so könnte es scheinen, sind alle Kantischen Hoffnungen gescheitert. Doch wir dürfen nicht verzweifeln. Man stelle sich vor, diese drei Fragen bezögen sich auf die Idee des Ichs – auf den individuellen Handelnden, der sich in einer gewissen Distanz von seinem Kontext befindet –, und dann frage man, welche Art von »Distanz« hier hereinspielt.

Das Ich, das bei Humes Theorie des Handelns zum Vorschein kommt, ist ein »Bündel von Perzeptionen« oder inneren Zuständen. Im Grunde gibt es hier gar kein Ich, sondern sofern der innere Mensch überhaupt vorkommt, ist er nahezu vollständig von seinem sozialen Kontext abgetrennt, wenn man von der Verbindung absieht, die durch seine natürlichen Sympathien hergestellt wird. In seine Entscheidungen findet der soziale Kontext nur durch das Tor der Perzeptionen Eingang, und zwar in der Form von Überzeugungen und konditionierten Wünschen. Sobald diese Ansicht in eine Theorie der rationalen Entscheidung aufgenommen wird, stellt sich eine gewaltige Frage in bezug auf die Geselligkeit und in bezug auf die Basis, auf der der rational Handelnde unpersönlichen Normen entspricht. Wittgenstein betrachtet die Beziehung zwischen dem Handelnden und den Normen in engerer Verbindung, doch bei ihm droht, wie wir gesehen haben, die Gefahr, daß das Ich völlig absorbiert wird. Sodann haben wir uns Kant zugewendet, um von ihm den Begriff eines Handelnden zu bekommen, der durch moralische Regeln angetrieben wird, dabei aber von diesen Regeln getrennt bleibt. Nun ist es immer noch der Kantische Individualismus, der uns den Weg nach vorn weist.

Die Sache hat jedoch den Pferdefuß, daß die Abstraktion allzu weit geht. Ein völlig rational Handelnder ist ganz losgelöst von allen Wünschen und allen Beziehungen. Der zum Duell herausgeforderte Ehrenmann erscheint dann, sowohl was seinen eigenen Stolz als auch was die Erwartungen seiner Umgebung betrifft, absolut ungerührt. Es sieht so aus, als wäre das Austragen eines Duells für einen französischen Adligen im siebzehnten Jahrhundert im Prinzip nicht mehr und nicht weniger rational als für einen deutschen Bahnschaffner im zwanzigsten Jahrhundert. Doch auf dieser Basis kann die rationale Nachkonstruktion keine Fortschritte machen. Zugegeben, die Nachkonstruktion läßt sich zuwege bringen, indem man dem Adligen die entsprechenden Überzeugungen und Wünsche zuschreibt. Doch damit werden sie einer universellen Fiktion zugeschrieben, und daher bleibt es, wenn man den Test der guten Handlungsgründe anwendet, ebenso rätselhaft wie früher, wie sie motivieren können. Wer handelt, kann nicht derart losgelöst sein von seinem Kontext. Kant hat zwar zweifellos recht, wenn er die »ungesellige Geselligkeit« des Menschen zur Sprache bringt, doch diese Ungeselligkeit ist um einen zu hohen Preis erstanden worden.

Dem Handelnden muß ein Mehr an historischer Umgebung zugestanden werden. Die universelle Lücke muß genügend ausgefüllt werden, um uns ein in einen sozialen Kontext eingebettetes Ich zu verschaffen. Dabei darf dem Relativismus weder zuwenig noch zuviel eingeräumt werden. Hierin liegt das Problem, auf das ich im letzten Kapitel eingehen werde, und ich kann kaum mehr leisten, als die Problemstellung deutlicher zu bestimmen. Daher möchte ich dieses Kapitel abschließen, indem ich nochmals auf das Thema Rollenspiel zurückkomme.

In England werden die meisten kleineren Vergehen vor Schiedsgerichten verhandelt, deren Richter drei juristische Laien sind, die als Friedensrichter ernannt werden. Tatsächlich kommen in England 95% aller Gerichtsfälle vor Gerichte dieser unteren Ebene, in denen Amateure den Vorsitz führen und Geldbußen bis zu mehreren hundert Pfund oder Gefängnisstrafen bis zu einem Jahr verhängen können. Der Friedensrichter ist ein normaler, wenn auch angesehener Bürger, der diese Rolle dreißig Mal im Jahr spielt. Nachdem ich selbst zehn Jahre als Friedensrichter tätig gewesen bin, kann ich sagen, daß man dabei einiges über Rollendistanz lernt. Obwohl die Gesetzesformulierungen überaus detailliert sind, obwohl das Gesetzbuch selbst von gewaltigem Umfang ist und obwohl dem Gericht ein juristisch ausgebildeter Protokollführer beigegeben ist, der die Aufgabe hat zu verhindern, daß sich die Richter blamieren, gibt es eine Menge Spielraum. Hat die Beschuldigte tatsächlich den Käse gestohlen, den man in ihrer Einkaufstasche gefunden hat? Wenn ja, wie soll das

Urteil ausfallen? Innerhalb gewisser Grenzen haben die Richter mit Bezug auf beide Fragen einen gewissen Spielraum, doch dabei kommt es auf Rollendistanz kaum an. Diese Distanz gewinnt dann an Bedeutung, wenn sich die Richter fragen, ob das, was sie zu tun geneigt sind, das Richtige ist. Daß sich diese Frage stellt, ist besonders offensichtlich, wenn es um die Strafzumessung geht.

Nehmen wir an, die alte Dame, die vor den Richtern steht, hat den Käse wissentlich eingesteckt, obwohl sie damals ein wenig verwirrt war und ganz außerstande ist zu erklären, warum sie es getan hat. Nehmen wir ferner an, daß – was immer es mit dem ganzen rätselhaften Vorfall auf sich haben mag – eine Geldbuße keinesfalls so wirkt wie bei einem Schüler, der erwischt worden ist, als er im Geschäft Schallplatten stibitzte. Die Richter sind sich dann unklar über die Entscheidung: Einerseits liegt ein eindeutiges Vergehen vor, dafür gibt es eine übliche Buße, und das Gesetz muß gehütet werden. Andererseits geht es hier in gewissem Sinne gar nicht um eine Gerichtssache, sondern da ist im menschlichen Bereich etwas schiefgegangen, und es erscheint nicht angebracht, die alte Dame wie eine Verbrecherin abzustrafen. Die Richter befinden sich zwar in einiger Distanz vom Gesetz, aber immer noch im juristischen Rahmen. Sie fragen sich, was sie, ohne das Recht in Verruf zu bringen, tun können, um das Leben der Gemeinschaft zu fördern, statt es zu behindern. Sie spielen ihre Rolle mit einer gewissen Distanziertheit, aber sie spielen sie eben dennoch.

Manchmal kann es allerdings vorkommen, daß sie sich in einem Rollenkonflikt befinden. Bei einem Stück Käse oder auf der niedrigen Stufe der Schiedsgerichte wird das zwar nicht oft vorkommen, und Leute mit zartem Gemüt werden ohnehin nicht so leicht Richter. Es könnte jedoch sein, daß sie z. B. meinen, daß das Gesetz über den Gebrauch von Haschisch töricht ist; oder sie wenden Gesetze über Verkehrsvergehen an, die sie selbst häufig begehen; oder sie wissen von Verbrechen, die von Freunden und Nachbarn begangen worden sind, ohne daß sie dies der Polizei gemeldet haben. Dies sind kleine Beispiele für Rollenkonflikte, die allerdings akut werden, wenn wir uns höher hinauf begeben zu den obersten Richtern eines korrupten Regimes oder wenn wir den Sachverhalt verallgemeinernd auf andere Ämter und Rollen übertragen. Akute Rollenkonflikte werfen für jeden, der zu entscheiden versucht, wo seine persönlichen Prioritäten liegen, brennende Fragen auf.

Diese Distanznahmen innerhalb des Rollengefüges, zwischen den verschiedenen Rollen und – in geheimnisvoller Weise – zwischen Rolle und Ich stellen die rationale Nachkonstruktion vor ein schwieriges Problem. Durch Anführen des normativen Kontexts wird die Identität der ausgeführten Handlung festgestellt und häufig auch deren *legitimierender* Grund, wie man sagen könnte. Doch es bleibt die quälende Frage, welches der »*wirkliche*« Grund ist. Wie tief dringt der Kontext in die tatsächliche Motivation des Akteurs ein? Wie weitgehend sollte die Methode des Verstehens den Handelnden mit seiner Tat gleichsetzen? Ich fürchte, mir ist es nur gelungen, die Frage noch schwieriger zu machen. Aber das ist immerhin etwas, denn die Spieltheorie drückt sich vor dieser Frage, während sie durch Spiele im Sinne Wittgensteins unbeantwortbar wird.

Duelle kann man nur in ihrem normativen Kontext verstehen. Sie gehören zu einem Spiel, das durch normative Erwartungen konstituiert ist und durch sie bestimmt wird. Das gleiche gilt jedoch für alle sozialen Handlungen. Das ökonomische Marktverhalten ist da keine Ausnahme. Umgekehrt ist die offensichtliche Rollendistanz, wie sie in einer marktwirtschaftlichen Gesellschaft festgestellt werden kann, wenn der Gebrauchtwagenhändler aufrichtig schwört, er wolle nur mein Bestes, auch in nicht marktwirtschaftlichen Gesellschaften zu finden. Die expressive Rationalität ist etwas Universelles, aber ganz und gar nichts Geistloses. Ich hoffe, es ist mir gelungen, überzeugend darzulegen, daß die Sozialwissenschaften mehr darüber in Erfahrung bringen müssen.

4 Handeln und Gemeinschaft

Oft gilt es als Merkmal der modernen Wissenschaft, daß sie die Unterscheidung zwischen Tatsache und Wert bzw. zwischen dem Positiven und dem Normativen respektiert. Die Physik kann zwar zur Herstellung der Neutronenbombe beitragen, aber darüber, ob ihre Anwendung richtig oder falsch ist, hat sie nichts zu sagen. Die Biochemie kann dazu beitragen, ein neues Tier hervorzubringen (erst vor kurzem ist eines patentiert worden), aber über die ethische Seite der Gentechnik kann sie sich kein Urteil herausnehmen. Bei den Sozialwissenschaften ist die Grenzlinie verschwommener. Wenn die Wohlfahrtsökonomik als normative Wissenschaft gekennzeichnet wird oder wenn sich Soziologen beratend zu Problemen der Rassenbeziehungen äußern, könnte es so aussehen, als sei die Grenze überschritten. Doch dies würden diejenigen bestreiten, nach deren Auffassung die Wissenschaft nichts anderes ist als ein freimütiges, furchtloses, leidenschaftsloses und nur durch Neugierde getriebenes Streben nach Wahrheit. Sollte jemand einwerfen, die Institutionen der Wissenschaft seien gar nicht so ethisch rein oder politisch unschuldig, kann man ihn immer noch auf Max Weber verweisen. Dort werde er lernen, daß die Themenwahl der wissenschaftlichen Forschung und die Anwendung der Resultate freilich Wertsetzungen beinhalten, doch die Forschung selbst könne und solle stets völlig objektiv verfahren.

Also ist eigentlich gar nichts »Normatives« an der wissenschaftlichen Untersuchung von Normen. Selbst die Wohlfahrtstheorie ist eigentlich gar keine normative Wissenschaft, denn ihre Ratschläge darüber, wie der ökonomische Wohlstand zu steigern ist, enthalten im Grunde bloß Informationen darüber, was geschähe, wenn man sich für bestimmte Maßnahmen oder Ansätze entschiede. Ebenso sagt uns der Gebrauch von »Idealtypen« nichts darüber, was als »ideal« gälte, wenn man einen wertorientierten Test anwendete. Ein »Idealtypus« ist nichts weiter als eine Idealisierung im Sinne der auf einen Grenzfall bezogenen Abstraktion. So berechnet die Theorie der reibungsfreien Bewegung, was in einer idealisierten Situation geschähe, in der der Reibungskoeffizient null beträgt. Diese Theorie hilft bei der Untersuchung tatsächlich gegebener Fälle, indem sie einen Maßstab liefert, anhand dessen man die Wirkungen einer meßbaren Abweichung vom Grenzfall Null berechnen kann. Es kann auch sein, daß dadurch Möglichkeiten nahegelegt werden, wie sich die Reibung reduzieren ließe. Doch nichts von alledem ist normativ außer mit Bezug auf menschliche Zwecksetzungen, die mit der Theorie selbst nichts zu tun haben. Also, um auf die Ökonomie zurückzukommen: Selbst die allgemeine Gleichgewichtstheorie erkundet lediglich eine idealisierte Welt, in der alle Handelnden vollkommen rational und alle Ressourcen effizient aufgeteilt sind. Daraus folgen keine Schlüsse im Hinblick auf die Frage, ob eine optimal effiziente Ökonomie auch zu einer besseren Gesellschaft beitrüge.

Dieser Gedankengang ist überaus wohlbekannt, denn er gehört zum Kern der Positiven Wissenschaft. Wenn man jedoch weiter darüber nachdenkt, steht er irgendwie quer zur positivistischen Vision, wonach die Wissenschaft als Fortschritt der Vernunft erscheint. Die Sozialwissenschaften – oder zumindest die positivistisch orientierten wie die Positive Ökonomie oder die Positive Soziologie – sind Kinder der Aufklärung. Ihre Gesinnung spiegelt sich in der folgenden rhetorischen Frage, die Condorcet 1794 gestellt hat: »Der Gedanke, daß die allgemeinen Gesetze, die die Phänomene des Universums beherrschen, notwendig und konstant sind, ist die einzige Grundlage für den Glauben an die Naturwissenschaften. Warum sollte dieses Prinzip auf die Entwicklung der geistigen und moralischen Vermögen des Menschen weniger zutreffen als auf die sonstigen

Vorgänge der Natur?« Damit wird nachgerade behauptet, daß die positiven Wissenschaften normative Wissenschaften sind, und ebendas wollte die Aufklärung auch behaupten. Wenn die Ziele des menschlichen Lebens von geringer Zahl und offensichtlich sind – z. B. Gesundheit, Wohlstand und Glück –, dann werde eine Wissenschaft der Mittel zu ihrer Verwirklichung die Probleme der Ethik und der Politik lösen. Diese Vorstellung verband Bentham mit seinem Glückskalkül, der nichts anderes sein sollte als die Anwendung einer naturalistischen Ethik, deren Prämisse die selbstevidente These ist, das Glück sei das Ziel des menschlichen Lebens. Sofern die moralischen Vermögen des Menschen überhaupt ein Thema der Wissenschaft sind, sollen Positives und Normatives aus einem Guß sein.

In diesem Fall sollte die Theorie der rationalen Entscheidung, die nach Ansicht der Aufklärung den Schlüssel zu den Sozialwissenschaften enthält, nicht bloß eine Theorie der *instrumentell* rationalen Entscheidung sein. Wenn unsere Zwecke auf der Hand liegen, dann ist die rationale Wahl der Mittel die rationale Entscheidung für das, was wir tun *sollen*. Dies war jedenfalls die Auffassung der Utilitaristen, und dementsprechend stellten sie die Ökonomie als Moralwissenschaft hin. Es ist daher durchaus nicht abwegig, wenn man die Frage aufwirft, warum sich der Positivismus im zwanzigsten Jahrhundert so hartnäckig auf der positiven Seite der Unterscheidung zwischen positiven Tatsachen hier und Werten dort eingenistet hat, wodurch den Zielen des Fortschritts der Vernunft eine entschiedene Grenze gesetzt worden ist.

Wollte man diese Frage vollständig beantworten, müßten wir uns tief in die politische und soziale Geschichte der Wissenschaft begeben. Selbst eine rein begriffliche Antwort müßte sich damit auseinandersetzen, daß »Positivismus« in der Philosophie und in der Gesellschaftstheorie verschiedene Bedeutungen hat. (So gilt Durkheim zwar als Vertreter der »Positiven« Soziologie, obwohl er sich oft als entschiedener Gegner der Aufklärung gibt und obwohl er von den Logischen Positivisten häufig angegriffen wurde, weil er nicht wissenschaftlich genug verfuhr.) Die Positivisten würden ihrerseits vermutlich behaupten, daß die Art, in der David Hume die Unterscheidung zwischen Tatsachen und Werten getroffen hat, endgültig ist und bewiesen hat, daß aus wissenschaftlichen Prämissen keine ethischen Konklusionen abgeleitet werden können. Doch J. S. Mill ließ sich durch Humes zügellose Skepsis gegenüber der Ethik nicht davon abhalten, sein Buch *Utilitarismus* zu schreiben. Woran liegt es also genau, daß wir uns von einer die Spieltheorie mit umfassenden Theorie der rationalen Entscheidung keinen moralischen und sozialen Fortschritt erhoffen können?

Auch wer seinerseits aufklärerische Ambitionen hat, kann einsehen, daß das Aufklärungsdenken in einer nicht vollkommen rationalen Welt gefährlich ist. Helvetius meint zwar, die Ethik sei die »Agrikultur des Geistes«, doch es wäre übereilt, wollte man aufgrund dieser Idee unsere unvollkommenen Institutionen aus dem Boden pflügen. Im Hinblick auf die Agrikultur des Geistes hat die Wissenschaft noch keine ausreichenden Fortschritte gemacht. Und selbst wenn sie genügend Fortschritte gemacht hätte, wäre es überaus gefährlich, sie zur Anwendung zu bringen, ehe sich die Menschen so rational verhielten, wie es dann erforderlich wäre. Die Gefahren gleichen denen, die mit Rousseaus Vorschlag einhergehen, wenn er am Anfang des *Gesellschaftsvertrags* meint, man solle die Menschen nehmen, wie sie sind, und die Gesetze, wie sie sein könnten. Gesetze, die für ein Utopia entworfen worden sind, können auf Erden zur Katastrophe führen. Es wäre zwar möglich, sie zu oktroyieren, indem man die Menschen zum Gehorsam zwingt und, wenn man dann mit Klagen konfrontiert wird, behauptet, man nehme die Menschen, wie sie *eigentlich* sind; doch sobald der geringste Zweifel zugelassen wird bezüglich des eigentlichen Wesens des Menschen oder gar bezüglich der Frage, ob es Grenzen der zwangsmäßigen Durchsetzung geben sollte, kann der Versuch der Schaffung einer Idealgesellschaft leicht dazu führen, daß nicht die zweitbeste Gesellschaft herauskommt, sondern nur die drittbeste. Wenn vom »Idealtypus« einer vollkommen rationalen Welt die Rede ist, mag sich das anhören wie ein Leitfaden zum Handeln in einer unvollkommen rationalen Welt. Aber so verhält es sich nur dann, wenn wir um so erfolgreicher sind, je näher wir dem Ideal kommen. In diesem abschließenden Kapitel werde ich geltend machen, daß unsere Welt eine zweitbeste Welt ist und daß sich daraus Konsequenzen ergeben sowohl im Hinblick auf das Verstehen dieser Welt als auch im Hinblick auf ihre Veränderung.

Der Ausdruck »zweitbeste Welt« erinnert an den Titel eines bekannten Aufsatzes von Lipsey und Lancaster[1], in dem sie für folgende These argumentieren: Selbst wenn der Beweis gelingt, daß vollkommene Konkurrenz das beste ist, so folgt daraus nicht, daß nicht ganz vollkommene Konkurrenz besser ist als entschieden unvollkommene Konkurrenz. Die »Theorie des Zweitbesten« verlangt, wie sie sagen, ein kalkuliertes Element institutionalisierter Monopole oder der zentralen Steuerung. Ähnliche Gedanken tauchen auch in der Ethik auf, und zunächst möchte ich auf eine en passant über die Kantische Ethik gemachte Bemerkung zurückkommen, ehe ich den Rationalitätsgedanken allgemein behandle. Kant fordert uns auf, die Entscheidung für die richtige Handlungsweise zu treffen, indem wir uns überlegen, ob es für jeden in der gleichen Situation richtig wäre, ebenso zu handeln. Eine im Hinblick auf diese Universalisierbarkeitsprobe unangenehme Frage ist die: ob die Handlung, die die Probe besteht, auch dann noch richtig ist, wenn man weiß, daß andere Leute nicht in der gleichen Weise handeln.

1 R. Lipsey u. K. Lancaster, »The General Theory of the Second Best«, *Review of Economic Studies*, 1956, S. 11-32.

Was an dieser Frage so unangenehm ist, wird vielleicht klarer mit Bezug auf jene Spielart des Regelutilitarismus, die die Menge der idealen Regeln zu bestimmen sucht und uns anweist, diesen Regeln zu folgen. Also, nehmen wir an, die beste Regel für jede Gesellschaft – und daher auch für den Wilden Westen – sei die, daß niemand eine Waffe trägt. Heißt das nun, es sei für jeden Bewohner des Wilden Westens das beste, wenn er seinen Revolver einschmelzen würde, um Teelöffel daraus zu machen? Wenn dem so wäre, würden die Guten ihre Waffen ablegen, während die Bösen sie umbrächten. Das wäre auch nach utilitaristischen Maßstäben eine offenbar drittbeste Lösung. Demnach scheint die zweitbeste Regel zu lauten: »Entwaffnen, sofern die andern es ebenfalls tun!« Eine Regel für alle ist deshalb noch keine Regel für jeden einzelnen, gleichgültig, in welchem Maße der Regel gefolgt wird.

Kant wäre damit natürlich nicht einverstanden, und ich werde dem Problem nicht sogleich weiter nachgehen. Überträgt man den Gedanken jedoch entsprechend auf die Theorie der rationalen Entscheidung, ist ihm kaum etwas entgegenzusetzen. Die Ergebnisse der vorigen Kapitel knapp zusammenfassend, kann man sagen, daß sich zwei weitreichende Schwierigkeiten ergeben, wenn man versucht, mit Bezug auf einen idealtypischen Fall, in dem jeder rational handelt, das rationale Tun zu bestimmen. Der eine Haken besteht darin, daß der idealtypische Fall womöglich nicht die einzige beste Lösung des Problems der sozialen Entscheidung ist. Der zweite besteht darin, daß dieser Fall auch dann, wenn er tatsächlich die einzige beste Lösung darstellt, in einer zweitbesten Welt, in der nicht alle Handelnden völlig rational sind, nicht unbedingt zu zweitbesten Lösungen führt. Diese beiden Probleme kommen zusammen, wenn wir uns weitere Gedanken über den Begriff der Erwartung machen.

Ein idealtypischer Fall ist ein Gleichgewichtszustand: ein Ergebnis rationaler Interaktion, das insoweit stabil ist, als

kein Handelnder einen Grund hat, bei der nächsten Spiel-
gelegenheit seine Strategie zu ändern. Dies ist ein Merkmal
von Koordinierungsspielen. Sobald wir alle dahingelangt
sind, auf der rechten Seite der Straße zu fahren, hat keiner
mehr einen Grund, links zu fahren. Dennoch ist dieses
Ergebnis nicht die einzige beste Lösung. Ex ante ist eine
Mehrzahl von Gleichgewichtszuständen möglich. Bei einem komplexeren Koordinierungsspiel kann eine lange
Zeit des Probierens und Fehlermachens verstreichen, ehe
eine konsensgestützte Norm zum Vorschein kommt. In
der Zwischenzeit können die Handelnden keine Lernfort-
schritte machen, indem sie über das noch unbekannte Ergebnis ex post nachdenken. Lernen müssen sie, indem sie
sich anschauen, was die übrigen tun. Diese Erkenntnis läßt
sich auch auf Versicherungsspiele übertragen, bei denen es
tatsächlich ein bestes und stabiles Ergebnis gibt, das man
im Spiel jedoch rationalerweise nicht anstrebt, es sei denn,
man kann sich darauf verlassen, daß die anderen ebenfalls
auf dieses Ergebnis hin spielen. Ferner ist zu beachten, daß
die Handelnden in der Idealwelt der Spieltheorie immer
wissen, welches Spiel sie spielen, während das für diejenigen, die am Spiel des wirklichen Lebens teilnehmen, häufig
nicht gilt. Die Aktienbörse z. B. ist eine Mischung aus un-
einheitlichen Konflikt- und Kooperationsspielen. Ein Anleger, der nur in Betracht zöge, was am besten wäre, falls
jeder entsprechend handelte, wäre ein rechter Narr.
Die Aktienbörse ist zugleich ein Beispiel für die tiefere
Erkenntnis, daß Erwartungen eine kreative Kraft darstellen. Nach keynesianischer Auffassung jedenfalls können
die Anleger nicht immer rationale Erwartungen entwik-
keln, indem sie ihre Überzeugungen an unabhängige Belege für das wahrscheinliche Geschehen anpassen. Markt-
prognosen sind etwas anderes als die Wettervorhersage,
denn was in einer Marktgesellschaft geschieht, hängt davon
ab, was die Leute erwarten, und nicht umgekehrt. Erinnern
wir uns etwa an das bereits genannte keynesianische Bei-

spiel, in dem der Effekt des Ankurbelns einer Wirtschaft davon abhängen kann, wie sich die Unternehmen und die Arbeitnehmer den Effekt ausmalen. Wenn sie mit einem Aufschwung rechnen, handeln sie in einer Weise, die allem Anschein nach Aufschwung hervorbringt. Wenn sie Inflation erwarten, handeln sie in einer Weise, die allem Anschein nach Inflation hervorbringt. Ex ante gibt es keine *unabhängige* Möglichkeit zu wissen, welches Ergebnis wahrscheinlicher ist.

Durch alle diese Probleme wird ein hohes Maß an Unbestimmtheit in die reine Theorie der rationalen Entscheidung eingeführt, ja sie würden die Theorie überhaupt paralysieren, gäbe es nicht die *normativen* Erwartungen, die die möglichen Handlungsweisen tendenziell auf diejenigen einschränken, die normativ akzeptabel sind. Begreifen wir Normen als Einschränkungen andernfalls rationaler Wahlmöglichkeiten, erweisen sie sich als nützliche Informationsquelle. Es wäre jedoch verfehlt, wollte man sie nur in dieser Weise auffassen; außerdem verlangt die Einführung normativer Erwartungen einen neuen Begriff der handelnden Person und des sozialen Handelns. Durch eine Rolle wird man nicht nur eingezwängt, sondern auch zu etwas instand gesetzt. Durch ihre jeweiligen Rollen wird von einzelnen Personen gefordert, sie sollten etwas tun, was sie sonst nicht täten. Durch Rollen werden genaue Handlungsweisen üblicherweise nicht vorgeschrieben, sondern es wird zu dem entsprechenden Handeln befähigt. Wie wir gegen Ende des vorigen Kapitels festgestellt haben, beinhalten die Rollen auch verschiedene Arten der Distanznahme.

Um dieses abstrakte Gerippe ein wenig auszustaffieren, wollen wir nun ein Problem des Rollenspiels vom Standpunkt des Handelnden betrachten. Das allgemeine Problem ist unter der Bezeichnung »Schmutzige Hände« bekannt. Dabei geht es um die Frage, ob und wann ein guter Mensch im Amt in einer Weise handeln soll, die moralisch verfehlt wäre, wenn er nicht dieses Amt bekleidete. Für dieses Problem gibt es zahllose Beispiele aus dem wirklichen Leben, von Pontius Pilatus über die Richter der Weimarer Republik, die nach 1933 im Amt blieben, bis hin zu den geringfügigen Alltagsdilemmata, denen wir alle gegenüberstehen, wenn uns unsere offiziellen Pflichten Gewissensbisse bereiten. Zugleich ist es ein Problem, das die Schriftsteller fasziniert (allerdings nicht, wie ich zu meiner Überraschung gehört habe, die deutschen Schriftsteller), und da es nicht schwerfällt, in der Literatur aufschlußreiche Zitate zu finden, werde ich mein nächstes Beispiel einer Erzählung entnehmen.

Herman Melvilles Geschichte *Billy Budd* spielt im Jahre 1797 in der britischen Marine, also zu einer Zeit, als Meuterei in der Luft lag, zum Teil vielleicht durch die Französische Revolution angeregt und gewiß ausgelöst durch die Meuterei von Spithead, wo die Mannschaft eines Kriegsschiffs gegen die Offiziere rebellierte. Damals war unter den Offizieren der übrigen britischen Schiffe die Furcht weit verbreitet, daß sich weitere Fälle von Meuterei anbahnten, wenn man bedachte, welche entsetzlichen Zustände an Bord der königlichen Schiffe herrschten und wie leicht es für eine dementsprechend gesinnte Mannschaft war, die Offiziere zu überwältigen. Vor diesem durchaus historischen Hintergrund berichtet Melville über die, wie er sagt, »aus eigener Erfahrung geschilderten« fiktiven Ereignisse auf dem mit 74 Geschützen ausgerüsteten Schiff *Indomitable*.

Billy Budd ist ein einfacher Matrose, der die spezielle Aufgabe hat, sich um die Vormarssegel zu kümmern. Er ist eine ehrliche, heitere, schlichte Seele und würde sich niemals an einer Meuterei beteiligen. Doch er ist auch das Opfer eines Schiffsprofos, der ihn schikaniert und ihn alsbald (völlig unberechtigt) beim Kapitän anschwärzt und behauptet, er sei ein gefährlicher Mensch und Unruhestifter. Der Kapitän läßt Billy Budd kommen und stellt ihn dem Schiffsprofos gegenüber. Der ehrliche Seemann ist so empört, daß er den Schiffsprofos schlägt und ihn durch einen schlimmen Zufall tötet.

Kapitän Vere ruft das Kriegsgericht zusammen, um zu entscheiden, ob Billy Budd wegen seiner Aufsässigkeit hängen muß. Dem Kapitän ebenso wie allen zu Gericht sitzenden Offizieren ist völlig klar, daß Billy Budd unschuldig ist, was die Meutereiabsichten betrifft, d.h. er ist, wie der Kapitän es ausdrückt, »unschuldig vor Gott«. Das Gericht neigt daher zu der Entscheidung, ihn freizusprechen. Doch Kapitän Vere weist die Richter streng darauf hin, daß sie sich nicht durch ihr Herz verleiten lassen dürfen. Er versteht ihre Frage: »Wie können wir einen Mitmenschen, der vor Gott und nach unserem Empfinden unschuldig ist, im Schnellverfahren zu einem schändlichen Tode verurteilen?« Doch dann fährt er fort:

Ich empfinde das gleiche, jawohl, und ich empfinde es ganz eindringlich. Das ist eben die Natur. Doch diese Rangabzeichen, die wir tragen, wofür stehen sie? Für unsere Treue zur Natur? Nein, für unsere Loyalität gegenüber dem König. Freilich, da ist der Ozean, die unberührte Urnatur, und dies ist allerdings das Element, in dem wir als Seeleute leben und weben; doch ist die Sphäre, in der wir als Offiziere des Königs unsere Pflicht erfüllen, ebenso natürlich? Nein, das gilt so wenig, daß wir, als wir unser Offizierspatent empfingen, in den wichtigsten Hinsichten aufhörten, natürliche und frei handelnde Menschen zu sein. Sind wir, wenn Krieg erklärt wird, beauftragte Kämpfer, die man vorher zu Rate zieht? Wir kämpfen auf Befehl. Falls unser Urteil den Krieg billigt, so ist das reiner Zufall. Entsprechendes gilt für andere Einzelfälle. Und das gleiche gilt auch jetzt. Denn nehmen wir an, auf diese jetzige Verhandlung folgt die Verurteilung. Wären wir selbst es, die die Verurteilung aussprechen, oder wäre es nicht eher das Kriegsrecht, das durch uns wirkt? Für dieses Recht und für seine Strenge sind wir nicht verantwortlich. Wie erbarmungslos das Gesetz im Einzelfall auch verfahren mag, durch unseren Treueschwur sind wir darauf verpflichtet, daß wir uns trotz allem an das Gesetz halten und es ausführen.

Kurz, was Billy Budd beabsichtigt oder nicht beabsichtigt haben mag, steht nicht zur Debatte. Auch wenn Gott ihn freispricht, so muß er doch unter dem Gesetz der Marine, dem Kriegsstrafrecht, verurteilt werden. »Der Krieg blickt nur nach vorn, auf die Front, die Erscheinung. Und das Kriegsstrafrecht, das Kind des Krieges, kommt auf den Vater.« Zögernd handelt das Gericht nach dieser Maßgabe, und Billy Budd wird an der Rahnock seines Schiffs aufgehängt.

Durch diese Erzählung wird das Problem der schmutzigen Hände mit großer Klarheit dargestellt: Billy Budd ist unschuldig. Natur (und Gott) sprechen ihn frei. Die Offiziere wissen es. »Doch diese Rangabzeichen, die wir tragen, wofür stehen sie? Für unsere Treue zur Natur? Nein, für unsere Loyalität gegenüber dem König.« Krieg kann man nicht nach den Regeln der natürlichen oder der göttlichen Gerechtigkeit führen. Die Marine ist voller Männer, die zum Dienst gepreßt wurden und die gegen den eigenen Willen oder gegen ihr Gewissen – blindlings – für den König zu kämpfen gezwungen sind. Der Feind wird sie jedoch ganz unparteiisch niedermähen, und auf Willen oder Gewissen kann die Marine keine Rücksicht nehmen. Jegliche Andeutung von Meuterei muß im Keim erstickt werden, was immer die menschlichen oder natürlichen Kosten sein mögen. So, wie Melville das Problem der schmutzigen Hände aufwirft, geht es darum, ob oder wann das Tragen der königlichen Rangabzeichen die Forderung mit sich bringt, gegen das Naturrecht zu verstoßen.

Diese Problemstellung ist zu eng. Wie die Nürnberger Prozesse und die Nachwirkungen des Massakers von My Lai zeigen, lassen die Gerichte es nicht gelten, wenn sich die Beschuldigten auf Befehlsnotstand berufen, wenn die betreffenden Befehle offensichtlich gegen das Naturrecht oder gegen das göttliche Gesetz verstoßen. Aber damit ist weder die Frage abgetan, ob die Sittlichkeit mehr als eine Quelle hat, noch insbesondere die Frage, ob die politische Moral von der privaten verschieden ist. Machiavelli schreibt in seinem Buch über den Fürsten, dieser müsse sich sowohl wie der Löwe als auch wie der Fuchs verhalten. Er müsse den *Schein* wahren, daß er ehrlich sei und die

Treue halte, aber »wenn ihm ein Vorwurf daraus gemacht werden kann, ist es weder möglich noch richtig, sich weiterhin loyal zu verhalten«. Der Herrscher hat die Aufgabe, zum Wohle des Staates die Macht zu erhalten, und ebendaher soll er sich nicht so verhalten wie gewöhnliche Bürger. Der Fürst – und vermutlich auch die Bevollmächtigten des Fürsten – unterliegen einer politischen Moral, d. h. von ihnen wird nicht nur *gefordert*, das zu tun, was die normalen Bürger tun *dürfen*, sondern sie müssen außerdem tun, was den Menschen im allgemeinen *untersagt* ist.

Dies ist das Problem der schmutzigen Hände in besonders grandiosem, politischem Rahmen. Doch überall im Leben der Gesellschaft tauchen ähnliche Probleme in bescheidenem Maßstab auf. So kann es vorkommen, daß Ärzte aufgefordert werden, ihre Patienten zu töten, Professoren sollen ihre Studenten belügen, Polizisten sollen ihre Freunde hintergehen, Feuerwehrleute sollen die Kinder anderer vor ihren eigenen retten. Bei manchen dieser Beispiele geht es um Konflikte innerhalb einer Rolle, manche handeln von Konflikten zwischen verschiedenen Rollen, andere wiederum von Konflikten zwischen Rolle und Ich, wie man sagen könnte. Dies sind Dilemmata, die die Integrität betreffen, womit nicht solche Fälle gemeint sind, in denen das Amt Forderungen stellt, die in die eine Richtung zerren, während die Integrität in die entgegengesetzte Richtung zieht, sondern Dilemmata, bei denen es darum geht, welche Entscheidung von der Integrität verlangt wird. Hier liegen einige der nach meinem Dafürhalten schwierigsten und fruchtbarsten Probleme der Ethik, die insbesondere die Beziehung zwischen Ethik und Politik betreffen.

Es sind jedoch keine ethischen Gründe, weshalb ich hier diese Thematik anschneide. Interessant ist sie vielmehr auch wegen der Konsequenzen für die rationale Nachkonstruktion. Der Schriftsteller läßt uns wissen, was in den Köpfen seiner Figuren vorgeht. Er ist unfairerweise im Vorteil, da er alles weiß. Wer dagegen das soziale Leben erforscht, muß bei seiner Arbeit außen anfangen, indem er allgemeine Voraussetzungen über das Innere aufstellt, um so zu begreifen, wodurch das fremde Bewußtsein zum Handeln angetrieben wird. Die Dilemmata des Rollenspiels sind keine Probleme der rationalen Entscheidung, denen rationale ökonomische Maximierer gegenüberstehen. Ich und Rolle sind Komponenten eines anderen Begriffs des Handelns.

Manche dieser Hinweise lassen sich auch in ein ökonomisches Modell aufnehmen, indem man das Modell komplizierter gestaltet. Die mikroökonomische Basistheorie etwa faßt Individuen als Präferenzenbündel auf, die an einen inneren Rechner angeschlossen sind, und ihre Handlungen betrachtet sie als Outputs, die im Grunde durch ihre Situation determiniert sind. Die Theorie der rationalen Erwartungen dagegen verlagert ein Modell der Ökonomie in die Köpfe der Handelnden. Da das in jedem dieser Köpfe plazierte Modell Überzeugungen einschließt, die den Inhalt der Köpfe anderer betreffen, werden die Verhältnisse in schwindelerregendem Maße komplizierter. In ebensolcher Weise wollen sich die Ökonomen mit Präferenzen höherer Ordnung auseinandersetzen (etwa mit dem Wunsch des Rauchers, nicht rauchen zu wollen) oder mit ethischen Präferenzen oder sogar mit »multiplen Ichs«. Doch durch alle diese Versuche wird das Grundmodell starkem Druck ausgesetzt, und in irgendeiner Phase wird die Situation zu komplex, um bewältigt zu werden, oder das Modell muß durch ein neues ersetzt werden.

Das Modell des Rollenspiels ist leider denselben Schwierigkeiten ausgesetzt. Man braucht nur zu bedenken, wie umfangreich die Maschinerie ist, deren es bedarf, um den Fürsten zu verstehen, der den Rat Machiavellis angenommen hat. Er wird den Anschein loyalen Verhaltens erwecken. Also wird es öffentlich zugängliche und legitime Gründe für sein faktisches Handeln geben. Und dies werden in der Tat seine Gründe sein. Er (oder sein Pressesprecher) wird eine Interpretation seiner Handlungen bereit halten, die zeigt, daß er aufrichtig und freimütig ist und durch moralische Sorgen angetrieben wird. Diese Interpretation ist wirklich relevant, denn der Fürst wird durch die ihm verfügbaren Legitimierungen sowohl eingeschränkt als auch befähigt. Daher bedarf die rationale Nachkonstruktion seiner Handlungen einer Kategorie, die man »legitimierende Gründe« nennen könnte: Gründe, die die im Handeln offenbarten Absichten erklären, indem sie zeigen, warum die Handlung angemessen war.

Doch dies ist nur ein Teil dessen, was der Nachkonstruktion bedarf. Neben Pressesprechern und Redenschreibern hat der Fürst noch weitere Berater, die heutzutage aus den Geheimdiensten, aus der Ministerialbeamtenschaft und aus den politischen Parteien stammen, um nur einige wenige Bereiche zu nennen. Er wird sich *allem Anschein nach* loyal verhalten, doch der Anschein gibt keine zuverlässige Auskunft über die tatsächliche Lage der Dinge. Legitimierende Gründe befähigen und beschränken zugleich, doch soweit der Fürst dazu imstande ist, wird er zum Zwecke verborgener Strategien zwischen ihnen wählen und sich die passenden aussuchen. Um zu verstehen, was er täte, falls es zu einem Wechsel der Bündnisse zwischen anderen Staaten kommt oder falls seine Gegner im Inneren des Staates an Popularität gewinnen, müssen wir seine verborgenen Pläne und Geheiminformationen kennen. Es muß also eine zweite Kategorie der sogenannten »motivierenden Gründe« geben, die seine Manöver im Rahmen des Legitimationsspiels erklären.

Inzwischen ist die Sachlage derart komplex, daß man sich fragt, ob eine rationale Nachkonstruktion überhaupt im Bereich des Möglichen liegt. Vielleicht sollten wir diese Fragen auf sich beruhen lassen und uns mit einem weniger komplizierten, aber leichter zu handhabenden Ansatz zufriedengeben. Freilich wird auch hier wieder die alte Spannung akut zwischen dem Interesse des Sozialwissenschaftlers fürs Allgemeine und dem Interesse des Historikers fürs Besondere. Ein am Verstehensbegriff orientiertes Verfahren wird diese Spannung in Grenzen zu halten versuchen, indem es das Repräsentative oder Typische an den Einzelfällen herauszugreifen sucht, wie man es etwa tut, wenn Untersuchungen zum Problem der schmutzigen Hände verwendet werden, um das Wesen des Rollenbegriffs zu erhellen. So bleibt jedoch tendenziell die Frage ungeklärt, wieso der besondere Fall typisch ist, und in der Antwort auf diese Frage muß meines Erachtens etwas Allgemeines über die Gesellschaft zur Sprache kommen. So schrieb Machiavelli für einen bestimmten Fürsten in Florenz, und es ist gar nicht klar, warum wir seine Aussagen als Ratschläge auffassen sollen, die für alle Fürsten und für alle Diener von Fürsten von Interesse sind. Die Geschichte von Billy Budd handelt von einem Einzelfall, doch Kapitän Vere wendet sich an alle, die die Uniform des Königs tragen. Ich habe den Rollenbegriff als Brücke zwischen dem Individuellen und dem Sozialen benützt und kann mich nicht davor drücken, etwas über die Verhältnisse auf der anderen Seite der Brücke zu sagen.

Ausgehen werde ich dabei von dem Leitbegriff »Gemeinschaft« – einem ehrgeizigen Begriff, an den sich Philosophen aus dem englischen Sprachbereich nur ganz behutsam herantrauen.[2] Der Ausdruck »Gesellschaft« klingt bescheidener und wird von Vertretern des Vertragsgedankens bevorzugt. Und wenn man im Sinne der von Tönnies getroffenen Unterscheidung einen Gegensatz herstellt zwischen Gemeinschaft und Gesellschaft, werden Vertreter des Vertragsgedankens, die Hobbes, Locke und Hume hochhalten, nichts damit zu tun haben wollen. Autoren, die sich in neuerer Zeit mit dem Gedanken des Gesellschaftsvertrags beschäftigt haben, stellen die Individuen mit ihren privaten

2 Manche Anregung zu den folgenden Ausführungen verdanke ich meinem Kollegen Timothy O'Hagan und seinem Artikel »Four Images of Community«, *Praxis International* (1988), S. 183-192.

Zielen und ihren individuellen Rechten ohne zu zögern an den Anfang, setzen den rationalen Eigennutz als motivierenden Anstoß voraus und bemühen sich herauszubekommen, unter welchen Bedingungen sich die Individuen zum wechselseitigen Vorteil zusammenschließen können. Zu diesen Bedingungen kann auch ein starker Staat gehören (womit an Hobbes' Gründe angeknüpft wird, aus denen er darauf pocht, es müsse eine Macht geben, die »alle in Schach hält«), doch wenn ein solcher Staat gefordert wird, müssen seine Sphäre eng und seine Zwecke begrenzt sein. Mit anderen Worten, der Vertragsgedanke bringt uns nicht weiter als bis zur »Gesellschaft«, sofern man darunter eine Lösung eines spieltheoretischen Problems versteht, doch vor dem Begriff »Gemeinschaft« schreckt er zurück, sofern man diese als soziale Verbindung auffaßt, die sowohl moralischer Art ist als auch durch Zwang hergestellt werden kann.

Das liegt zweifellos daran, daß das vom Vertragsbegriff geprägte Denken liberal und daher auf eine Gerechtigkeitstheorie festgelegt ist, die die Mittel vorschreibt, deren sich die einzelnen zur Verwirklichung ihrer Zwecke bedienen dürfen, ohne die Zwecke selbst vorzuschreiben. Doch diese Unterscheidung der Mittel von den Zwecken ist für die politische Philosophie ebenso heikel wie für die Theorie der rationalen Entscheidung, und außerdem gibt es einige Vertreter des Vertragsgedankens, die in moralischer Hinsicht Hoffnungen hegen. John Rawls z. B. legt in der *Theorie der Gerechtigkeit* seine Prinzipien der Gerechtigkeit als Fairness dar, indem er sich überlegt, welchen Regeln rationale eigennützige Individuen zustimmen würden, wenn sie noch nichts über ihre eigenen sozialen Rollen oder über die Sozialstruktur wüßten. Er hofft jedoch, daß sie, indem sie ein Gebilde schaffen, das im Grunde ein »Rechtsstaat« ist, zugleich eine zivilisierte, moralische Gesellschaft hervorbringen, in der sich die Menschen um die anderen kümmern. Dies geht aus dem zweiten Gerechtigkeitsprinzip hervor, demzufolge die sozialen Entscheidungen denen zugute kommen sollen, die am schlechtesten gestellt sind (solange dadurch nicht die gleiche Freiheit aller vermindert wird). Alle diese Gedanken erinnern an J. S. Mills Schrift *Über die Freiheit*, in der das liberale Thema anscheinend auf die negative These hinausläuft, es solle jedem freigestellt sein, das eigene Wohl auf seine eigene Weise anzustreben, während es in Wirklichkeit darum geht, die positiven Bedingungen der »Individualität« zu schaffen.

Aus diesem Grund ist Rawls von libertärer Seite angreifbar, da er die Grenzen einer negativen Freiheitstheorie überschritten habe. Genau dies wird von Robert Nozick behauptet in seinem Buch *Anarchie, Staat und Utopie*, in dem argumentiert wird, ein Liberaler könne eigentlich nichts weiter verlangen als einen Minimalstaat ohne moralische Bindungen außer denen einer gewissen Schutzpflicht. Vielleicht ist Rawls ebenfalls der Meinung, es gebe keine Möglichkeit, zu einer »guten« Gesellschaft zu gelangen, indem man zeitlos darüber nachdenkt, wofür sich rationale, eigennützige Individuen frei entscheiden. Jedenfalls hat er vor kurzem gesagt, eine lebensfähige Gesellschaft sei davon abhängig, daß es eine gemeinsame und substantielle Auffassung des Guten oder eine sich überschneidende Menge solcher Auffassungen gibt. Da Auffassungen des Guten nach seiner Ansicht offenbar etwas historisch Spezifisches sind, wird dadurch ein neues Element ins Spiel gebracht, und zwar eines, das seine bislang zeitlose Konzeption der »rationalen Individuen« in Mitleidenschaft zieht. Nun wird Rawls' nächster Schachzug mit Interesse erwartet. Einstweilen fasse ich diesen Wandel als Zeichen dafür auf, daß der Vertreter des Vertragsgedankens, wenn er nicht unter libertärem Einfluß steht, nicht umhin kann, sich Gedanken über den Gemeinschaftsbegriff zu machen.

Verwendet man den Ausdruck »Gemeinschaft«, um sich

auf eine unabhängige Seite der Brücke zwischen Individuum und Kollektiv zu beziehen, werden damit offenkundige Erkenntnisprobleme aufgeworfen. Auch im weiteren ignoriere ich die Fragen, die durch die im ersten Kapitel in das Feld links oben eingetragene These aufgeworfen werden; die damit erhobenen Ansprüche, es gebe Systeme oder Strukturen, durch die man zu einer funktionalen Erklärung gelangen könne, müssen durch einen kräftigen erkenntnistheoretischen Realismus untermauert werden. Nicht außer acht lassen kann das verstehende Verfahren dagegen die Probleme, die durch das Feld rechts oben – in das die kollektiven Entitäten und Beziehungen gehören – aufgeworfen werden. Wie auch durch Rawls' neuere Hinweise auf gemeinsame Auffassungen des Guten bezeugt wird, hat es immer schon gute Gründe für die These gegeben, daß die Gesellschaften so etwas wie ein »moralisches Bindemittel« brauchen. Neben den Erkenntnisproblemen mit Bezug darauf, wie eine unsichtbare Art von Bindemittel überhaupt ausfindig gemacht werden kann, gibt es auch noch die Probleme, die durch das »moralische« Element aufgeworfen werden. Falls sich der Ausdruck »moralisch« lediglich auf die *Mores* bezieht, dann werden beliebige Mores den Zweck erfüllen, worunter dann vermutlich auch Sklaverei, die Unterdrückung der Frauen, Apartheid oder sonstige Herrschaftsformen fallen, sofern es ihnen nur gelingt, die Gesellschaft zusammenzuhalten. Aber für Liberale, die es gewagt haben, Zwecksetzungen vorzuschreiben, reicht die soziale Stabilität nicht aus, um eine *Gemeinschaft* herzustellen. Die Beziehungen, die eine Gemeinschaft definieren, enthalten ein tiefersitzendes moralisches Element. Sodann besteht das Erkenntnisproblem darin, herauszufinden, um welche Beziehungen es sich handelt. Hier läßt sich Webers Methode der Idealtypen vermutlich zum Einsatz bringen. Mit dem verstehenden Verfahren geht man an den Einzelfall heran, indem man ein Modell einer ideal rationalen Handlung entwirft, mit dessen Hilfe man erklären kann, was an den tatsächlichen Entscheidungen rational ist, und mit dessen Hilfe man ferner herausbekommen kann, was nicht rational ist und so einer weiteren Erklärung vorbehalten bleibt. In ähnlicher Weise können wir fragen, was konstitutiv wäre für eine völlig rationale Gesellschaftsorganisation oder für eine Gemeinschaft, und dann mit Hilfe der Antwort tatsächlich gegebene Gesellschaften untersuchen. Falls jemand Einwände erheben möchte gegen den Gebrauch des Ausdrucks »völlig rational« im wertenden Sinne von »ideal«, ist zu beachten, in welcher Weise mit dem Idealtypus der individuell rationalen Handlung nun ein wertender Sinn zum Vorschein gekommen ist. Dieser hat sich nicht von Anfang an vorgedrängt, denn zunächst haben wir die vollständige Rationalität mit der reibungsfreien Bewegung verglichen. In bezug auf die Frage, woher wir wissen, daß die reibungsfreie Bewegung richtig definiert worden ist, gibt es kein wertendes oder tiefsitzendes Problem. Den Vergleich haben wir mittlerweile allerdings fallengelassen. Die völlige Rationalität ist der reibungsfreien Bewegung nicht ähnlich und ihre Definition ist sowohl präskriptiv als auch umstritten. Daher erweisen sich die Handlungen des risikowilligen Unternehmers, des loyalen Gewerkschafters, des Wohlfahrtshelfers oder des Bürokraten, der sich an seine Rolle hält, bei der Überprüfung durch manche idealtypischen Definitionen als rational, bei der Überprüfung mittels anderer Definitionen als irrational. Die unumgängliche Frage lautet nun: Welche Definition ist die richtige?

Meine eigenen Neigungen gehen hier in Richtung Kant. Gesucht haben wir nach Bedingungen a priori, die bestimmen, wann eine Handlung eine rationale Handlung ist. Die Argumentation hat gezeigt, daß instrumentelle Rationalität nicht ausreicht und daß der entscheidende Begriff, den wir zu fassen bekommen müssen, der der expressiven Rationalität ist. Das ist freilich leichter gesagt als getan. Der springende Punkt ist allerdings, daß sich schon im Hinblick auf den Begriff der individuellen Rationalität die unabweisliche Frage nach einer Definition stellt, die weder operational noch konventionell ist, sondern irgendwie »*real*«. Also wird durch eine ähnliche Fragestellung hinsichtlich des Begriffs »Gemeinschaft« keine völlig neue Art von Untersuchung ins Spiel gebracht. Dennoch, wenn man eine rationale Gesellschaftsorganisation mit einer guten Gesellschaft oder einer guten Gemeinschaft gleichsetzt, wird eine furchterregende Vielzahl von Staats- und Gesellschaftstheorien auf den Plan gerufen. Angesichts einer faden Auseinandersetzung zwischen den Dogmen möchte ich meine Hoffnungen auf das indirekte Verfahren setzen, das in letzter Zeit von Habermas und Rawls benutzt worden ist und das vielleicht niemand so aufschlußreich gehandhabt hat wie Rousseau.

Bei diesem Verfahren geht es darum, eine rationale soziale Entscheidung als das zu definieren, was unter Bedingungen gewählt wird, die unabhängig von den Vorteilen der getroffenen Entscheidungen angegeben werden können. Damit spart man sich die Mühe, einen Fremdenführer über die gute Gesellschaft zu schreiben. Eine gute Gesellschaft ist dann eben das, was bei einem idealen Verfahren zum Vorschein kommt. Nach Habermas ist sie das, was im Anschluß an die ideale Sprechsituation herauskommt, und bei Rawls ist sie das, was sich aus der Urposition hinter einem Schleier der Unkenntnis ergibt. Der Grundgedanke findet sich jedoch schon in Rousseaus Schriften, wo etwas, was wir im Grunde eine Gemeinschaft nennen dürfen, als Gesellschaft definiert wird, in der der allgemeine Wille zum Vorschein kommt. Woher wissen wir nun, ob das Entscheidungsverfahren einer faktischen Gesellschaft tatsächlich im allgemeinen Willen resultiert? Rousseau gibt an, wir sollten nachschauen, ob die Bedingungen für eine freie Debatte erfüllt sind. Dabei handelt es sich (in groben Umrissen) um eine Körperschaft von Bürgern, die angemessen informiert sind und keine »Faktionen« bilden. Faktionen lassen sich vermeiden, indem man Wohlstand und folglich Macht in nicht allzu ungleicher Weise verteilt. Stellt sich eine Gesellschaft nach Anwendung der Probe, ob sie freie Verfahren aufweist, tatsächlich als frei heraus, dann sind die Beschlüsse, die sie faßt, ein Ausdruck des allgemeinen Willens.

Die so aufgestellten Bedingungen sind strenger, als sie womöglich klingen, denn wenn sie erfüllt sind, gewährleisten sie, daß das, was herauskommt, wirklich den eigentlichen Interessen jedes Bürgers entspricht, so daß man den gewagten Schluß ziehen darf, ein nicht zur Kooperation bereiter Bürger könne im eigenen besten Interesse »zur Freiheit gezwungen« werden. Dies ist ein unerwartetes, ja beunruhigendes Element des Vertragsgedankens, der in *Le Contrat Social* ja schon durch den Titel verkündet wird. Doch Rousseau gelangt zu dieser Schlußfolgerung, indem er die paradoxe Idee vertritt, der Gesellschaftsvertrag erschaffe die *Bürger* aus den *Individuen*, die den Vertrag schließen. Dadurch werde eine »erstaunliche Veränderung des Menschen« herbeigeführt, die ihn vom »bornierten, dummen Tier«, das durch Instinkt, physische Triebe, Wünsche und eine ausschließlich eigennützige Einstellung getrieben wird, in ein »Vernunftgeschöpf« verwandelt, das sich durch Gerechtigkeit, Pflicht, Rechtsempfinden und Sorge um das Allgemeinwohl leiten läßt. Der Gesellschaftsvertrag erschafft nicht nur die neue Form der Vereinigung, sondern auch neue Handlungsträger. Dies ist, soviel werde ich zugeben, eine gefährliche Theorie, denn jedes Versagen der furchtbar utopischen Bedingungen wird in einer furchtbaren Tyrannei resultieren. Aber sie deutet auch auf einige interessante Gedanken hin über die Verschmelzung des Positiven und des Normativen bei der Aufstellung von Idealtypen.

Das alte Problem, wie die Ordnung herzustellen sei, nimmt für den Vertreter des Vertragsgedankens die Form des Problems der öffentlichen Güter an: Wie ist es möglich, öffentliche Güter bereitzustellen, wenn die Beiträge freiwillig sind und Beitragsverweigerer nicht vom Genuß der Vorteile ausgeschlossen werden können? Brennend wird das Problem, wenn die Bürger eigennützige Individuen sind und wenn zu den öffentlichen Gütern auch die Normen des Vertrauens und der Verantwortung für die öffentlichen Belange gehören, die das Trittbrettfahren verhindern. Denn wie Rousseau es in *Le Contrat Social* (I.7) formuliert, »jeder einzelne kann als Mensch einen privaten Willen haben, der dem allgemeinen Willen, den er als Bürger hat, entgegengesetzt ist oder von diesem abweicht«; daher könne es vorkommen, daß »er in den Genuß der Rechte des Bürgers zu kommen sucht, ohne die Pflichten des Untertanen zu erfüllen«. Eine Gesellschaft, in der dieses Problem weit verbreitet ist, wird entweder zusammenbrechen oder »die Pflichten der Untertanen« mit Gewalt durchsetzen müssen. Daher wird der Idealtypus einer rational geordneten Gesellschaft oder »Gemeinschaft« eine eingebaute Lösung dieses Problems enthalten: eine Garantie für das moralische Bindemittel, das den privaten Willen, ohne ihn zunichte zu machen, an den allgemeinen Willen fesselt.

Rousseau gehört zu einer Reihe von Denkern, die seit Platon eine eingebaute Lösung anstreben und denen von ihren Kritikern (wie z. B. Popper) vorgeworfen wird, sie seien Feinde der offenen Gesellschaft. Doch das Problem ist gar nicht zu verkennen, noch läßt sich bestreiten, daß es mit dem zunehmenden Individualismus, der die Rechte höher bewertet als die Pflichten, schwieriger geworden ist. Sowohl Durkheim als auch Weber z. B. sehen die Problematik in dieser Weise. Besonders relevant ist hier Webers Sorge, die rational-legalen Formen der modernen Gesellschaft könnten sich letztlich selbstzerstörerisch auswirken. Die heutige Zunahme der »Kultur des Unternehmertums« läßt die ähnliche Befürchtung aufkommen, dadurch könnte das moralische Bindemittel ausgewaschen werden, dessen sogar eine Kultur des Unternehmertums bedarf. Sofern also Platon und Rousseau gefährlich sind, liegt das nicht daran, daß sie eingebaute Lösungen vorschlagen, sondern daran, daß ihre eingebauten Lösungen die falschen sind. Formal gesehen, besteht das Problem darin, einen Idealtypus der »Gemeinschaft« zu definieren, in der die Pflichten der Untertanen zwar vor den Rechten der Individuen kommen, die Individuen aber dennoch – um mit Rousseau zu reden – »so frei bleiben wie zuvor«. Dieses zentrale Problem der politischen Theorie habe ich nicht zu lösen versucht, sondern im Grunde nichts weiter getan, als es in der Terminologie des Rollenspiels zu reformulieren. In einer »Gemeinschaft« versehen die Spieler der Rollen ihre Ämter so, daß ihnen kreativer Spielraum bleibt; das Ich-als-Bürger kommt in der Wahrnehmung dieser Verantwortungen zum Ausdruck, in denen das Ich-als-Individuum Sinn und Bindung findet. Der moralische Aspekt des Idealtyps wird deutlich, wenn man darüber nachdenkt, daß diese Verschmelzung von Ich und Rolle nicht funktioniert, wenn die Institutionen der betreffenden Gesellschaft ungerecht sind. Die Aufgabe, die als nächstes ansteht, ist also eine Theorie der Gerechtigkeit, die – da sie eine Vorstellung vom Guten umfassen muß – nicht bloß verfahrensorientiert ist und unerschütterlich zwischen dem Absoluten und dem Relativen hindurchsteuert, indem sie bei der Organisation der Rollenverteilung historische Unterschiede in Betracht zieht. Mit dieser Antwort werden, wie ich fürchte, weit mehr Fragen aufgeworfen als beantwortet.

Den Idealtypus einer rationalen Gesellschaftsorganisation wollten wir deshalb einführen, weil die rationale Nachkonstruktion sowohl auf rationale Akteure als auch auf rationale Organisationen Bezug nehmen muß. Nun wollen wir abschließend sehen, ob die Arbeit des Verstehens davon profitieren kann.

Warum stimmt Monsieur Rouget für die Kommunistische Partei? Die rationale Nachkonstruktion, die im Sinne Webers auf Verstehen und Idealtypen ausgeht, fragt, wie rational es für jemanden in der Situation Monsieur Rougets ist, für die Kommunistische Partei zu stimmen. Eine unkomplizierte Antwort würde besagen, natürlich sei es völlig rational für jeden, der wie Monsieur Rouget dringend den Sieg der Kommunistischen Partei wünscht und glaubt, daß die Stimmabgabe zugunsten der Kommunistischen Partei das wirksamste Verfahren ist, diesen Sieg herbeizuführen. Das ist aber eigentlich gar keine Antwort. Der Wunsch, die Kommunistische Partei möge gewinnen, läßt sich nicht in Analogie zu einer Geschmacksvorliebe für Erdbeereis oder zu dem Drang, ins Schwimmbad zu gehen, verstehen. Die bloße Überzeugung, eine Stimme für die Kommunistische Partei werde sich positiv auswirken, kann dem bekannten Wahlparadox nicht standhalten. Daraus ergeben sich ohne weiteres zwei Konsequenzen: Erstens, die rationale Nachkonstruktion bedarf der Gründe sowohl für Monsieur Rougets Wünsche als auch für seine Überzeugungen. Zweitens, diese Gründe können wir nur dann ausfindig machen, wenn wir herausbekommen, welches das Spiel ist, an dem Monsieur Rouget teilnimmt.

Die Identifikation des Spiels wäre nicht weiter schwierig, wenn der Begriff »Spiel« der Spieltheorie entnommen werden könnte und wenn Monsieur Rouget eine nutzenmaximierende Einzelperson wäre, die versucht, ihren Ertrag zu maximieren. Doch die Spiele des sozialen Lebens werden in einem normativen Kontext gespielt. Diese Erkenntnis ist nützlich, insoweit dadurch die Ungewißheit vermindert wird, indem zu den prognostischen oder »positiven« Erwartungen der Spieltheorie »normative« Erwartungen hinzukommen. Der normative Kontext ist jedoch nicht bloß eine Menge von Parametern, in deren Bereich Nutzenrechnungen vorgenommen werden können. Der Kontext durchdringt das Spiel, beeinflußt den Charakter der Züge und der Gründe für ihre Ausführung. Daher muß der Begriff »Spiel« im Stile Wittgensteins gedeutet werden, so daß die Spieler als Regelfolgende erscheinen, die wissen, »wie es weitergeht«. Egal, wie komplex die Sachlage dadurch wird, im Hinblick auf den Spielraum der rationalen Nachkonstruktion ist dies eine gute Nachricht, denn nun gibt es keinen Bruch mehr zwischen den in der Marktwirtschaft gespielten Spielen und denen, die in nicht marktwirtschaftlich organisierten Gesellschaften gespielt werden. Freilich, man kann auch behaupten, die Nutzenmaximierung sei etwas Universales, so daß sich die Soldaten als verkappte Söldner erweisen. Doch vermutlich wirkt dieser Ansatz, der mit Bezug auf das Problem des Fremdpsychischen inhaltsleer klingt, erst recht offensichtlich nichtssagend, wenn man ihn auf das Problem der fremden Kulturen überträgt. Ich für mein Teil bevorzuge jedenfalls bei weitem die Wittgensteinsche Richtung, wobei das Regelfolgen der Universalschlüssel ist und Monsieur Rouget für die Kommunistische Partei stimmen kann, weil er weiß, welches an seinem sozialen Ort das richtige Handeln ist.

Doch die rationale Nachkonstruktion kann sich nicht mit den Regeln oder Rollen eines sozialen Orts zufriedengeben. Rollen beschränken nicht nur, sondern sie befähigen auch. Selbst wenn wir einräumen, daß die Stimme für die Kommunistische Partei eine angemessene Wahl ist für einen jungen französischen Industriearbeiter, müssen wir immer noch in Erfahrung bringen, wieso es eine rationale Entscheidung war. Mit anderen Worten, wir müssen mehr über Monsieur Rouget selbst wissen. Da ich nicht zu sehen vermochte, wie die Figur des intellektuell anspruchsvollen und seiner selbst bewußten Akteurs mit Hume oder Wittgenstein in Einklang zu bringen ist, wandte ich mich der Kantischen Moralpsychologie zu. Es war jedoch ein Irrtum, die objektiv guten Handlungsgründe mit denen gleichzusetzen, die das Beste bewirken, sofern sich jeder in der gleichen Lage in seinem Handeln danach richtet. Vielleicht würden die Kommunisten wirklich gewinnen, wenn jeder in der gleichen Situation wie Monsieur Rouget für die

Kommunistische Partei stimmte. Aber falls man weiß, daß sie trotzdem nicht gewinnen werden, gibt es vielleicht bessere Gründe für eine taktische Stimmabgabe zugunsten einer anderen Partei. Das, was den anderen Handelnden durch den Kopf geht, spielt ebenfalls eine Rolle – eine Einsicht, die sich nicht abtun läßt, indem man idealisierend eine Welt konstruiert, in der ausschließlich rational handelnde Personen wohnen.

Die Forderungen des rationalen Rollenspiels werfen also Fragen auf hinsichtlich der Rollenmuster oder der Form der sozialen Organisation. Webers zwei Arten von Idealtypus – der ökonomische und der begriffliche – lassen sich vielleicht miteinander verbinden, indem man einen Idealtypus von »Gemeinschaft« auf der Kollektiv-Seite der durch die Rollen ermöglichten Brücke zwischen Ich und Gesellschaft ansiedelt. Auf jeden Fall wird es leichter, Monsieur Rougets Tätigkeiten nachzukonstruieren, wenn sie sich in eine rational organisierte Gesellschaft einfügen lassen. Diesem Gedanken möchte ich allerdings nicht sonderlich viel Gewicht beimessen. Jede Gesellschaft, die dauerhaft ist, ohne ein Polizeistaat zu sein, kennt immerhin *einige* Teillösungen des Problems der öffentlichen Güter und verfügt insoweit immerhin über *einiges* an moralischem Bindemittel und rationaler Ordnung. Doch Monsieur Rouget würde kaum für die Kommunistische Partei stimmen, wenn er der Ansicht wäre, daß Frankreich bereits dem Idealtypus der Gemeinschaft entspricht; und es kann auch ein paar Wähler anderer Parteien geben, die eine genaue Vorstellung davon haben, wie eine idealtypische Gemeinschaft aussähe. Wir müssen also an der gleichen Stelle aufhören, von der wir ausgegangen sind: Webers Forderung der Adäquatheit auf der Ebene des Sinns wie auf der Ebene der Kausalität. Auf der Ebene des Sinns ist es uns um das Thema gegangen, daß die Rationalität der Handlungen sozialer Akteure davon abhängt, was der einzelne über die Vorstellungen im Bewußtsein der anderen weiß – ein Vorschlag, der dadurch ausführbar wird, daß Modelle oder Typenbildungen in die Nachkonstruktion des Sinns einbezogen werden. Doch solange es an Entwürfen für das expressiv rationale Handeln und für die Gemeinschaft fehlt, kann sich daraus keine vollständige Erklärung ergeben. Ja, eigentlich ist keiner dieser beiden Begriffe für solche Entwürfe geeignet. Es gibt auch Aspekte des sozialen Lebens, die nicht durch das zu erklären sind, was den Akteuren bewußt durch den Kopf geht. Soziale Tatsachen haben einen kausalen Charakter, der sich nicht auf von innen her verstandene Interaktionen zurückführen läßt. Das Beispiel mit Monsieur Rouget ist einem Lehrbuch der Positiven Sozialwissenschaft entnommen, in dem es vermutlich nicht darauf angekommen wäre, welcher Teil des politischen Spektrums gewählt wird. Doch wie es sich nun einmal ergibt, ist die Kommunistische Partei ein besonders aufschlußreiches Beispiel, denn sie hat immer geleugnet, daß die Adäquatheit auf der Sinnebene ausreicht.

Die Beziehung zwischen den beiden Ebenen lasse ich ungeklärt. Dennoch möchte ich mich stark machen für den Anspruch der Sinnebene auf eine Vorrangstellung. Monsieur Rouget ist nicht der Gegenstand eines Tauziehens zwischen der intellektuellen Welt und der sozialen Welt. Er und weitere soziale Akteure schaffen die Welt, die die *unsere* ist. Es ist eine einzige Welt: die Summe der Konsequenzen dessen, was die Menschen aus Gründen tun, die zu verstehen die Aufgabe der Sozialwissenschaft ist. Was von innen her nicht verstanden werden kann, bedarf der Erklärung von außen; dennoch handelt es sich um eine einzige menschliche Welt, und der wichtigste Schlüssel liegt beim Verstehen. Je rationaler unsere Tätigkeiten, desto besser können wir sie verstehen. Je besser wir sie verstehen, desto rationaler werden sie. Je rationaler sie werden, desto besser können wir die Welt, die wir erschaffen, unter Kontrolle halten und auf dieser Welt gedeihen. Doktor Faustus klagt, die Philosophie sei verhaßt und dunkel.

Selbst wenn ich nur dazu beigetragen habe, sie noch dunkler zu machen, verspricht sie dennoch einiges an Freude und Glück.

suhrkamp taschenbücher wissenschaft
Alphabetisches Verzeichnis

200/4/6.88

200/14/6.88

Schwemmer: Ethische Untersuchungen. stw 599
– Handlung und Struktur. stw 669
– Philosophie der Praxis. stw 331
Searle: Ausdruck und Bedeutung. stw 349
– Geist, Hirn und Wissenschaft. stw 591
– Sprechakte. stw 458
Seebaß: Das Problem von Sprache und Denken. stw 279
Segeberg (Hg.): Technik in der Literatur. stw 655
Serres: Der Parasit. stw 677
Sextus Empiricus: Grundriß der pyrrhonischen Skepsis. stw 499
Seyfarth/Sprondel (Hg.): Religion und gesellschaftliche Entwicklung. stw 38
Simitis u. a.: Kindeswohl. stw 292
Simmel: Aufsätze 1887-1890. stw 802
– Philosophie des Geldes. stw 806
– Das individuelle Gesetz. stw 660
– Schriften zur Soziologie. stw 434
Simmel und die frühen Soziologen. Hg. von O. Rammstedt. stw 736
Georg Simmel und die Moderne. Hg. von H.-J. Dahme und O. Rammstedt. stw 469
Singer: Verallgemeinerung in der Ethik. stw 647
Skirbekk (Hg.): Wahrheitstheorien. stw 210
Sommer: Identität im Übergang: Kant. stw 751
Sorel: Über die Gewalt. stw 360
Spinner: Pluralismus als Erkenntnismodell. stw 32

Stolk/Wouters: Frauen im Zwiespalt. stw 685
Strauss: Naturrecht und Geschichte. stw 216
Stubar (Hg.): Exil, Wissenschft, Identität. stw 702
Szondi: Einführung in die literarische Hermeneutik. stw 124
– Das lyrische Drama des Fin de siècle. stw 90
– Poetik und Geschichtsphilosophie I. stw 40
– Poetik und Geschichtsphilosophie II. stw 72
– Schriften I/II. stw 219/220
– Die Theorie des bürgerlichen Trauerspiels im 18. Jahrhundert. stw 15
Taylor: Hegel. stw 416
Theunissen: Sein und Schein. stw 314
Theunissen/Greve (Hg.): Materialien zur Philosophie Sören Kierkegaards. stw 241
Thompson: Über Wachstum und Form. stw 410
Tibi: Der Islam und das Problem der kulturellen Bewältigung sozialen Wandels. stw 531
– Vom Gottesreich zum Nationalstaat. stw 650
Tiedemann: Dialektik im Stillstand. stw 445
Toulmin: Kritik der kollektiven Vernunft. stw 437
– Voraussicht und Verstehen. stw 358
Troitzsch/Wohlauf (Hg.): Technik-Geschichte. stw 319
Tügendhat: Selbstbewußtsein und Selbstbestimmung. stw 221
– Vorlesungen zur Einführung in die sprachanalytische Philosophie. stw 45